# 1on1ミーティングの極意

本田 賢広

ONE PUBLISHING

# はじめに

〜1on1ミーティング実践者の
皆さんへ、敬意と応援の
気持ちを込めて

## 多くの企業で１ｏｎ１ミーティングが導入されているが……

今では多くの企業で１ｏｎ１ミーティングと呼ばれる上司とメンバー（※）が1対1で定期的に行うミーティングが導入されています。

その結果、「メンバーが自発的に発言してくれるようになった」「業績にも良い影響があった」といった上司たちからの素晴らしいお声や、「上司に話しかけやすくなった」「上司に深い悩みを聴いてもらえた」といったメンバーたちからの喜びのお声を多数伺っています。

一方、**「メンバーが本音を話してくれない」「１ｏｎ１ミーティングなんて意味がない」**などといった上司たちからのストレスに満ちたお声や、**「１ｏｎ１をやめてほしい」「１ｏｎ１は苦痛だ」**といったメンバーたちからの悲鳴にも似たお声が聞こえてきているのも、残念ながら事実です。

上司は一生懸命やっているのに、どうしてメンバーから「やめてほしい」など厳しい声があがるのでしょうか。そしてなぜ、メンバーは本音が話せなかったり、**やる気やエンゲージメントが高まらなかったり、話すテーマがなくなったりする**のでしょうか。

## うまくいかない考え方とは　～「コントロールしよう」とする発想

うまくいかないのは、上司のスキルが不足しているからというより、それを使う「考え方」に主な要因があります。**うまくいかない考え方**とは、どのようなものでしょうか。


「メンバーに話させようとしても、話してくれない」

「メンバーに考えさせたいが、アイデアが出てこない」

「気づきを与えよう・気づかせようと思っても難しい」

「アメとムチの使い方が難しい」

といった考え方です。


もし仮に、私たちが上司から「話させよう」「気づきを与えよう」と手を替え品を替え質問され続けたら、どんな気持ちになるでしょうか。「……言いたいことがあるなら、まどろっこしい質問などせずに早く言ってくださいよ」とか、「なかなか正解が分からなくてすみません……」などのように、少し不快や不安な気持ちになったりしませんか。

前述のような言葉に共通することは、上司がメンバーを**「コントロールしよう」**とする発想です。もちろん、メンバーのためを思って、上司の務めとしての善意だと思います。しかし結果として、上の立場から「言うことを聞かせよう」ということになっています。本人にそのつもりはなくても、言外に「あなたは変わらなければいけない。今のままではダメだよ」という

※　１on１ミーティングにおいては、上司と部下は対等（横）の関係で双方向に対話するため、本書では部下のことを「メンバー」と表現します。

メッセージに聞こえてしまうのです。

私たちは、**自分を認めてくれる人には心を開いて素直な気持ちになりますが、自分を認めてくれない人には反発したくなったり逃げ出したくなります。**つまり、ますます話したくない、考えたくないなど逆の反応になってしまうのです。

「完璧でなくても、あなたはあなたで良い」「あなたは自力で、なりたい自分になれることを信じているし、応援しているよ」という、心からの尊重や応援する気持ちを持っている必要があります。いくらテクニックを弄しても、上司が深いところでメンバーを認めていなければ、言外に伝わり必然に拒否されてしまうのです。

また別の形で、上司側に「上から接しないと、自分の威厳が保てない」という無意識の恐れがある場合、上司の自己防衛本能として、権限を使ってコントロールしたくなる場合があります。つまり、言うことを聞いてもらうことで、何とか自分の存在意義を保とうとしてしまうのです。したがって**上司側も、「完璧でなくても、私は私で良いのだ」という、ある程度の安心感を持っている必要があります。**

いずれにせよ、**「人は思い通りにはコントロールできないし、すべきでもない」「コントロールできるのは、自分の考え方（あり方）である」**という大原則を、あらためて胸に刻む必要があります。

## 「それでも昔は通用した」

ところで、私は団塊ジュニア世代ですが、同世代の管理職たちからは、「ひと昔前は、上司に〝上から〟厳しい物言いをされても、自分たちは部下のわきまえとして黙って言うことをきいたものだ。結構コントロールされていたぞ」と言われたりもします。私も同感です。

しかし今は、自分たちがされていたようにメンバーに接すると、「理不尽な上司だ、ハラスメントだ」となってしまい、「こんな会社じゃ成長できません！」と訴えられたり転職されたりしかねません。

前述の管理職たちからすると、「『心理的安全性だ』『多様性を尊重しろ』と急に言われて、理屈はわかるけど、自分達はそうされてこなかったのになぜ？」「釈然としない、甘いのでは？」「昔のクセは簡単には直らないし、やり方が分からない」というふうに、困惑してしまいます。

なぜ、昔は通用したものが、今はダメと言われるのでしょうか。

かつて日本の景気は右肩上がりで、大企業では終身雇用、年功序列が当たり前でした。良い会社に入って長く勤めれば自然に昇格昇給していくと誰もが信じていましたので、厳しくやられても、「今だけ我慢していれば、将来きっといい思いができる」という希望があったのかもしれません。

また、上司たちには比較的時間とお金に余裕がありましたから、飲みに誘ってオゴることで上司の豪快さや魅力、愛情を感じてもらうことができました。仮に日中厳しくやられても、多くの場合は上司の愛情や信頼がベースにあることをきちんと感じてもらえ、「これは愛のムチなのだ」ということで、言うことを聞いてもらうことができたのだろうと思います。

ところが今は昇格昇給どころか、雇用の保証もありません。

世の中の変化が激しいため、常に最先端の知識やスキルを仕入れる必要があり、成果もスピーディーに求められるため、上司もメンバーも忙しい。成り行きで「ちょっと一杯行くか？」とはなりにくく、雑談もあまりないため、昔に比べるとメンバーは愛情や信頼を感じる機会が少なめなのかもしれません。そんな中、上司から「人格否定」とも取れる厳しい言葉を浴びせられたりでもしたら、「理不尽だ！　やってられない！」となるのは当然のことと思います。

つまり、今も昔も**「自分を認めてくれる人には心を開いて素直な気持ちになり、自分を認めてくれない人には反発したくなるか逃げ出したくなる」**という原則になんら変わりはなく、言い換えると、**昔から心理的安全性も多様性の尊重も大切であった**、ということです。

**上司からの愛情や信頼が感じられないところに、メンバーの心に届く言葉はない**ということであり、時代に合わせて、「もっと優しくしてあげましょう」、「おべっかを使いましょう」などということでは決してありません。人はコントロールできないし、すべきでもない。表面的なテクニックではなく、**上司の人としてのスタンス（あり方）が、昔も今も問われている**のです。

## 「人間は感情の生き物である」ということを忘れがちな私たち

1on1ミーティングがうまくいかない考え方がもう一つあります。

それは、**「人間は感情の生き物である」ことを忘れがちである**、ということです。

仕事は勘や経験、度胸のような根拠のないものに頼るべきではないし、感情的になったり情に流されたりするべきではない。もっとロジカルに、合理的に、システマチックに行うべきである。そうでなければ行き当たりばったりで再現性に乏しく、発展し続けていくことはできないと言われます。確かに、とても大事なことだと思います。

しかし、それらが行き過ぎると、人を「パーツ」として見たり（職場では能力がその人の存在意義の全て）、「ここが良くない、すぐに直せ」などダメ出しばかりになったり、「報酬を上げれば頑張るだろう」とエサでコントロールしようとしたり、まるで人を機械のように扱う傾向が出てきます。前述の「人をコントロールしようとする発想」も、人を物として捉えるところから来ている部分もあると思います。

人を思い通りにコントロールできないしすべきでもないのは、**感情の生き物**だからです。上司は「ここがダメだ」と仕事上のことを〝事実〟として言っているだけでも、メンバーにとって人格否定に聞こえれば、自信を失い、意欲が低下し、むしろパフォーマンスを下げる結果にもなり得ます。逆効果です。パフォーマンスのために感情を扱おうと言っているのではありません（それも相手をコントロールする発想です）。そうではなく、**相手が「感情を持った人である」という前提を抜きに考えることは、一見ロジカルのようで、最も「非」ロジカルである**とお伝えしたいのです。

うまく回り続ける組織は例外なく雰囲気が良いものです。「雰囲気」とはもちろんロジックではなく感情です。感情的になったり情に流されたりするのは望ましいことではないですが、「仲間を心から信頼できる、助け合いたい」と思うのも、仕事の楽しさもやり甲斐もモチベーションも、全て素晴らしい感情です。一人では乗り越えられないことをチームで乗り越えられたら、喜びが湧き、次への意欲も倍増します。人間は感情の生き物であるという前提を、決して忘れることはできないのです。

## AIの時代に、なぜ人的資本経営なのか

そもそもAIの時代に、なぜ人的資本経営などのように「ヒト」に注目が集まっているのでしょうか。

おそらくは人材という決算書に載らない資産の投資対効果は小さくないため、意識して効率を上げるべきだ、と数字を根拠とする話が一般的には多いと思います。ですが、私はむしろ**「数**

**字では測れない可能性がヒトにはある」ことの方が重要ではないか**、と考えています。

膨大な情報を集め、整理分析し、それらを効果的にアウトプットすることなどにおいてAIの能力は凄まじく、ゆえにルーティーン的なタスクやロジカルな分析といった業務についてはいずれAIにとって代わられることでしょう。それをネガティブに捉えるのではなく、AIにできることは極めて効率よくやってもらうことで、人にしかできないこと、私たちが本当にやりたいことに限りあるリソース（資源）や時間を使い、人生をより豊かにするように考えるのが適切だと思います。ですから、AIを大いに活用できるようになることと、「AIにはできないことができること」がとても大切ではないでしょうか。

AIにはできないこととは何か。一つは、人の感情に寄り添うこと、人情の機微に触れることです。それすらもAIにディープラーニングされるのでは、という考えもあるかもしれません。「こんな時、こう言えば人は感動する」と学習したAIが発した言葉に、涙を流すようになるのかもしれません。しかし、それはAIが人の感情と機微に触れて言ったのではなく、「パターン」としてアウトプットしたに過ぎません。結果が一緒なら別に良いではないかと言われても否定はしませんが、私なら嫌です。

喜怒哀楽や妬みや不安を持ち、有頂天になったり自信喪失したりするのが生身の人間です。そんな生身で、自分のことが最も可愛いはずの人間が、他人である自分に寄り添って泣いてくれる、喜んでくれるからこそ、この上なく幸せに感じたり、心から恩返ししたいと思ったりするのではないでしょうか。

だからこそ、その人が亡くなって何十年経ってもその感謝の気持ちがなくなったりしないのであって、ディープラーニングされたＡＩに泣かされるのもたまには良いかもしれませんが、それだけで十分だとは決して思えません。そんな大味な人間には絶対なりたくない、と私は思います。だから、私たちが**人の感情、想いに心から寄り添えることには、何事にも代え難く、深く大きな価値がある**と確信しています。

## 人の可能性には驚きがある！

人間は機械と違って、「この子、数年会わないうちに別人のようにしっかりして！　成長しているな！」とか、「ライバルとしのぎを削っているうちに実力を上げたのか！」「エッ、以前はあんなに生き生きしてたのに、まるで死んだような目つきになってしまって……。一体どうしたの？」などのようなことが、往々にして起きます。

それは、人間が科学的・論理的に証明されないことも多い、我々の想像を遥かに超えた存在ということではないでしょうか。ありふれた言葉ですが、**「人には思ってもみない可能性がある」**と確信しています。

したがって私たちは、メンバーの感情に寄り添い、そして想像以上のポテンシャルを持つ存在として、リスペクトすると同時に興味関心を持ち、**問題だけではなく「人」に、ロジックだけでなく「感情」に焦点を当てることが大切ではないでしょうか。また、目先の物事の解決だけでなく「メンバーの成長」、さらに、メンバーを戦力と捉えるだけでなく「ただ一度の人生を生きる一人の人間」として向き合う**ことが欠かせない、と確信しています。

## なぜ、メンバーをコントロールしない、感情を大切にすることが大事と言えるのか

ここまで、1on1ミーティングがうまくいかない考え方は、「メンバーをコントロールしようとする発想」と「人間は感情の生き物であることを忘れがちであること」と書いてきました。このように申し上げる根拠について、少しだけ述べさせていただきます。

これまでいくつかの心理学やコーチングを学んできましたが、個人的には、それだけで公に発信するのは、やや無責任ではないかと考えています。

「自分自身で実践し、失敗したらなぜうまくいかないのか、調べたり学び直したりする」「要因の仮説に基づいて実行した結果、今度はうまくいった。繰り返し実践してもやはり良い結果が出る」「他の人にやってもらった場合でも、やはりうまくいった」となった時に、初めて自信をもってお伝えできるものだと思います。

そして本書の根拠たるその実践は、ここ数年のものではなく、私自身、**ほぼ社会人人生の全般、四半世紀にわたって実践、検証してきたもの**です。

私は幼少の頃アトピーがひどく、それが顔や手など目立つところにあったため、小中高と自己承認がとても低い子供でした。おまけに小学校と中学校でそれぞれ3回転校したことも相まって、友達と仲良くコミュニケーションすることがとても苦手で、対人恐怖症気味でした。

しかし27歳の時、あろうことか外資系の生命保険会社で営業することになったのです。完全歩合給の世界であり、コミュニケーションに支障のあった私のような人間が足を踏み入れても、契約などいただけるわけもありません。後には戻れないので、ローンを組んで営業スキルや心理学のセミナーにいくつも行ったり、1日15時間労働を年360日続けたりと必死で、失敗ばかりの日々でした。当時ご迷惑をおかけしたお客様、上司、先輩や同僚のことを思うと、今でも申し訳ない気持ちでいっぱいです。

それまで学んだ心理学などを実践しているつもりでも、なかなかうまくいきません。なぜうまくいかないのか、仮説を立ててPDCAを回しましたがそれでもダメです。ある時上司に「あの先輩より自分の方が勉強しているし行動量も多いのに、なぜ私の方が成績が悪いんでしょうか?」と訊くと、「……人間力だよ」と言われ、納得がいきませんでした。またある時、「あ、なんであのお客様は、前と言ってることが違うのだろう?」と会社で一人愚痴っていると、先輩から「本田、そんなお前が担当で、お客様は幸せだろうか?」と言われるといった、残念なあり様でした。

恥をかいたり傷ついたり、申し訳なかったりする中で、だんだんと「なぜお客様は、自分との時間をわざわざ日曜日に取ってくださり、ご自宅に招いてくださったんだろう？」「お客様は、本物のプロに対してどんな存在感や接し方を期待しているんだろう？」「お客様が家族の死を想像することって、どんな気持ちなんだろう？」「人として、どんなふうに寄り添える人間になりたいんだろう？」、そのように考えるようになっていきました。

自分のあり方が変わってくると、不思議なことに驚くようなペースでご契約をいただけるようになりました。感動してくださったお客様が大切なかたを何人もご紹介くださるようにもなりました。そして気がつけば、トップセールスの一人になり、次の会社でマネジャーとしてサポートしたメンバーもトップクラスになっていきました。

学んだ心理学が間違っていたのではなく、それを用いる私の考え方、あり方が間違っていたのです。そこに気づく中で、対人恐怖症も徐々に克服し、コミュニケーションが少しずつ豊かになって、人生が大きく変わりました。愛する家族ができ、コーチングで独立することができ、大切な社員、素敵なお客様に恵まれました。今は心から幸せな毎日で、ただただ感謝です。

現在は国際コーチング連盟（世界最大のコーチング機関）のマスター認定コーチ資格（2023年3月現在、日本で60人強）を取得し、経営層専門のエグゼクティブコーチとして3000時間以上コーチングを実施（2023年3月現在）、そして1on1ミーティングの研修を行っております。

そのような学びと現場経験、そしてお伝えした方々の見事な変化・成果から、メンバーが自ら生き生きと動き出してくれる1on1ミーティングは、メンバーを決して「コントロールしよう」とするものではなく、「人間は感情の生き物である」ことを忘れないものだと確信しています。

## 1on1ミーティングにチャレンジしている方への応援歌

私は累計で1万5000人以上のマネジャーの皆さんに1on1ミーティング研修を実施してきました。そして、1on1を導入して数か月後に行う「フォロー研修」などの機会には当然、皆さんから**「実践してみたけど、うまくいかない」「実は、1on1ミーティングをやることそのものにまだ不安がある」「1on1ミーティングにメンバーが協力的でないので難しい」**などといったお悩みをたくさん伺います。

その都度、うまくいかない要因は何か、何をどう改善すればいいのかをお伝えすると、皆さんは「なるほど!」とまた実践に戻っていかれます。そしてだんだんと本質を掴み、いつか自然体でできるようになっていくのです。

本書は、1on1ミーティングを実践していて、うまくいかないけど何とか光を見出したい！　と頑張っている方へ、敬意と応援の気持ちを込めて執筆いたしました。

これまで著者のもとに**多く寄せられたお悩みについて、本質的な要因を紐解き、具体的な解決策をＱ＆Ａ形式で記しています。また、事例やうまくいった実践者のお声なども添えています。**対症療法ではないため、即効性というより漢方薬のようにじわじわ根本から快方に向かうイメージです。

１ｏｎ１実践者の皆さんの勇気につながりましたら、こんなに嬉しいことはありません。ともに前に進んでいきましょう！

目次

# 序章

## 1on1ミーティングと
## 3つのフェーズ

## そもそもなぜ、1on1ミーティングに注目が集まっているのか

変化が激しく、誰も〝正解〟を持っていないといわれるVUCA(※)時代においては、上司の指示を部下に徹底させる「上意下達」ばかりでは、組織も個人も立ち行きません。メンバーも主体的に想いやクリエイティブなアイデアを出して、果敢にチャレンジできる環境が不可欠です。そのためには、双方向で率直、活発、建設的なコミュニケーションができることがカギとなります。

しかし現実は、飲み会等の減少やリモートワーク、フリーロケーション、オンラインでのやや一方的な会議などで上司とメンバーが雑談したりじっくり話したりする機会が減り、対話の内容も表面的になりがちです。メンバーは本音を話しにくくなっていると言わざるを得ません。

そんな中、熱い注目を集めているのが「1on1ミーティング」です。

## 一般的な面談と1on1ミーティングとの違い

1on1ミーティングとは、上司とメンバーが1対1で定期的に行う対話です。

対話をすることで、**メンバーとの信頼関係を深め、生き生き活躍することや、ありたい姿へ**

## 図序-1　一般的な面談と1on1ミーティングの違い

| | 一般的な面談 | 1on1ミーティング |
|---|---|---|
| 目的 | ・目標設定／評価伝達を行う<br>・戦略・戦術を共有する<br>・問題解決について話し合う、指示するなど | ・メンバーとの信頼関係を構築することで、安心感を醸成する<br>・メンバーが内発的に動機づけられる環境を整える<br>・メンバーが自身のありたい姿に自律的に成長するのを支援する |
| 主体 | 上司のことが多い | メンバー |
| 実施タイミング | ・目標設定／評価面談の時期<br>・戦略・戦術の共有や問題解決が必要な時など | 定期的に行う（2週間に1度、1回30分など。頻度や1回の時間は、対象人数、メンバーの成熟度合い、繁忙度合いなどに基づいて、組織にとって最適なものを選ぶ） |
| 話す内容 | 主に目標達成や問題解決の方法、日々の仕事の進捗や緊急対応などについて | メンバー本人にとって重要なこと（含プライベート）、感情、価値観、本質的な気づき、ありたい姿などについて |
| 話す内容のイメージ | how to do<br>（どうするか）<br>should be<br>（あるべき姿）<br>should do<br>（やるべきこと） | value<br>（何が大事か）<br>want to be<br>（ありたい姿）<br>want to do<br>（やりたいこと） |

※VUCA：Volatility（不安定で変化が激しいこと）、Uncertainty（不確実性が高いこと）、Complexity（複雑さ）、Ambiguity（曖昧さ）の頭文字をとったもの。

**成長することを支援します。**

従来の評価面談や戦略・戦術の共有、問題解決の指示などの面談（＝一般的な面談）とは異なり、**メンバーが主体**であるところに特徴があります。どちらも大切なものですが、目的が全く異なりますので、前ページの図でわかりやすく対比してみました。

皆さんはこんな経験がありませんか。

誰かが自分の話を否定せずに、寄り添ってただただ受け止め、聴いてくれただけで、**ストレスフルだった心がだんだん楽になり、癒やされた。**また、一人で考えているときはモヤがかかって先が見えなかったのに、自分のまとまらない話を「うんうん」と聴いてもらえると、**自然に頭が整理されてきた（オートクラインといいます）。**さらに話していると「ああ、本当はこういうことを望んでいた、こうしたい！」など**自分の想いに気づいた、**といった経験です。

このように、１ｏｎ１ミーティングの目的である「信頼関係構築」、「メンバーが生き生きすること」「自分がありたい姿に気づくこと」を実現するには、**メンバーが安心してなんでも話せるようになるための上司の「傾聴」が欠かせません。**

また、「ザイアンス熟知性の法則」というものがあります。内容は次のようなものです。

1. 人間は、知らない人には、攻撃的で冷淡な対応をする。
2. 人間は、会えば会うほど、その人に好意を持つようになる。
3. 人間は、相手の人間的側面を知ると、より強く好意を持つようになる。

つまり、**回数や仕事以外での対話**によって、人は相手に安心感や好意を感じるとされているのです。

したがって、ある程度高い頻度（回数）を維持でき、周囲の目を気にせず深い対話ができる1on1ミーティングによって、この目的を果たすことができるのです。

## メンバーの「フェーズ」に応じた1on1ミーティングを行う大切さ

ところで、いろいろなタイプのメンバーがいるのと同様に、さまざまな「**段階（フェーズ）**」のメンバーがいます。

例えば、なかなか本心を明かしてくれないメンバーAさん、「頑張って成長したいとはあまり思っていない、現状維持でいい」というメンバーBさん、プレイヤーとして優秀だったが自身のメンバーの育成には手を焼き困り果てているメンバーCさん……。皆さんも直感的に「この3人のメンバーに同じ関わり方をしたのでは、うまくいかないのでは？」と思われるのではないでしょうか。それは、各メンバーの段階（フェーズ）が異なるからです。つまり、**上司はメンバーそれぞれのフェーズにマッチした1on1ミーティングをしていく必要があります。**

メンバーが自律型の人財（あえて〝財〟（たから）と表現しています）に育っていくときには、以下に挙げる3つのフェーズを移行していきます。

**第1フェーズ：上司に信頼と心理的安全性を感じ、安心して本音が話せる**
**第2フェーズ：自分らしく頑張りたいと、内発的に動機付けられる**
**第3フェーズ：ありたい姿に気づき、継続的にチャレンジ・成長できる**

前のフェーズをスキップして、次のフェーズに進むことはありません。例えばメンバーが「この職場に自分の居場所はない……」と感じており、安心して心を開けていない状態（まだ第1フェーズの中にいる）なのに、「よーし、やるぞ！」などと動機づけられる（第2フェーズ）ことは、通常ではありません。したがって、そのようなケースでは、第1フェーズにふさわしい関わり方でスタートする必要があります。そのことは、体験的に同意いただけるのではないでしょうか。

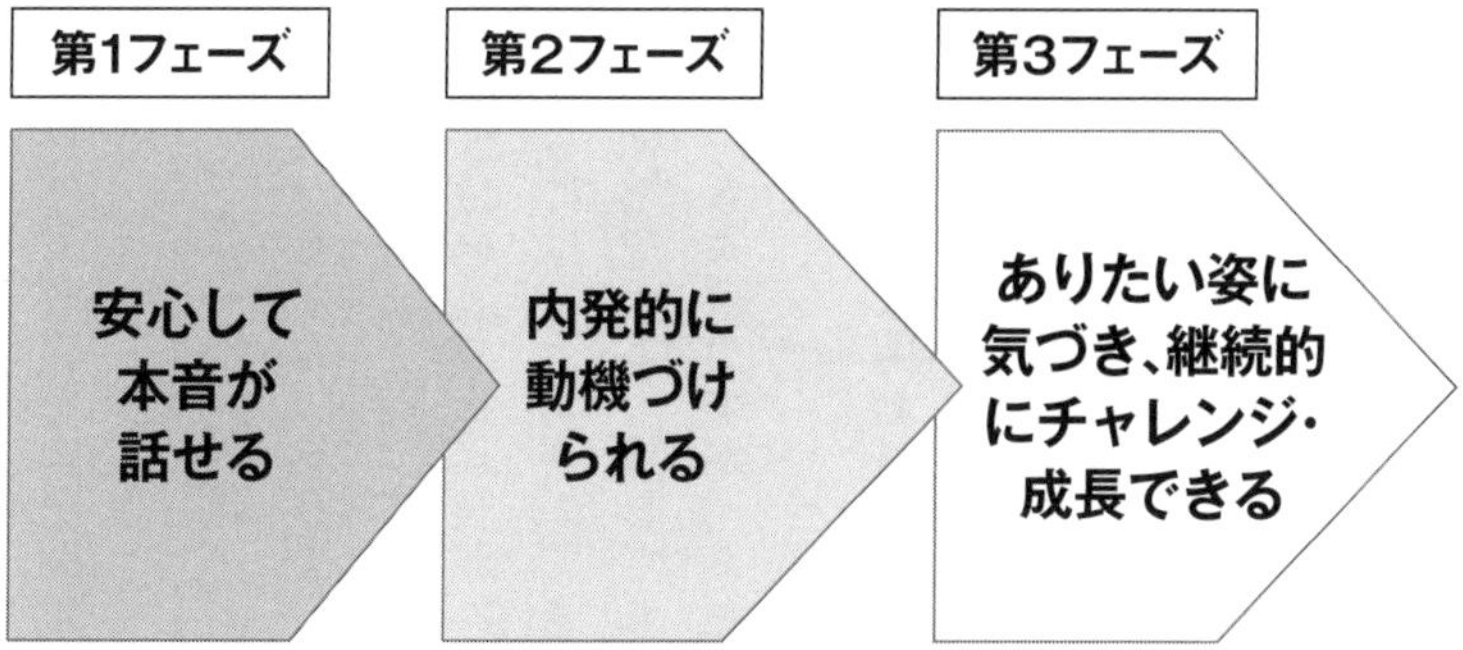


図序-2　自律型人財に育っていくとき
メンバーが移行する3つの「フェーズ」イメージ

### ◆第1フェーズ：上司に信頼と心理的安全性を感じ、安心して本音が話せる

「こんなことを言ったら評価が下がるかもしれない」「怒られないだろうか」「どうせ何を言っても否定されるんだから言うだけ無駄だ」などメンバーが不安感や不信感を持っている場合、彼らは自分を防衛する必要があるため、とても本音は話せません（＝心理的安全性がない状態）。

**「何を言っても決して人格を否定されることはない」「何があっても自分の味方でいてくれるんだ」**のように上司を信じることができて初めて、メンバーは本音が話せるのです。

そのために上司ができることは何か。

それは、例えば、柔和な表情や声で接する、上司から自身の失敗談を自己開示する、メンバーの変化に気づいて認める、以前聞いた話を覚えておく、といったことです。

また、意見や価値観が上司と違ってもメンバーをいきなり否定したり決めつけたりせず、「そう考えたんだね。もう少し聞かせてくれる？」あるいは「そんな意見なんだね。ちなみに、私はこんな考えを持っているよ」など、メンバーの意見、価値観を**一旦ニュートラルに受け止めてから**話を進める（無理に同意するのではありません）。

さらには、上司が「聞きたいこと」を情報収集するのではなく、メンバーが本当に話したいことを気持ちよく話してもらえるように傾聴する。ペースを合わせる、あいづちをうつなどのスキルも大事ですが、スキルに傾倒し過ぎることなく、**親友の相談に心から寄り添うようなあり方で聴く**と、メンバーは少しずつ安心します。

そのような関わりを積み重ねると、メンバーは上司を信頼をするようになり、いずれ本音を話してくれるようになることでしょう。第1から第2フェーズへと、メンバーの状態は自然に変わっていきます（すでにメンバーとの関係性が壊れている場合については、第2章【11】を参照ください）。

### ◆第2フェーズ：自分らしく頑張りたいと、内発的に動機づけられる

メンバーが**本音では**「別に昇格などに興味はない」「褒めてもらってもモチベーションは上がらない」「夢を持っても叶うのは一部の人だ……」などと考えており、何のために頑張るのか見えない、希望や願望が十分持てない状態では、メンバーが内発的に動機づけられることはありません。

何かがきっかけで、**「自分にとってはこれが大切だった」「自分らしく頑張るとはこういうことなんだ」「自分の長所や強みはこういうところだ」**などと自覚が芽生えると、仕事や人生にオーナーシップ（主体性）を持つことができるようになります。

そのために上司ができることは、次のようなことです。

やる気や勇気にブレーキをかけている正体を一緒に見つけ、取り除く方法を考えてみる。これまでを振り返って、どんな時、何をしている時に楽しみややり甲斐を感じたか、想いを馳せてもらう。**メンバーにとって大切にしたい価値観は何か、それとチーム目標との共有ゾーンはどんなところにあるのか話し合ってみる。**さらには上司が感じるメンバーの強みや魅力、期待を（押し付けでなく）本気で伝えてみる。このようなことを積み重ねていくと、次第にメンバーに生き生きした表情やエネルギーがみなぎってくることでしょう。するとメンバーの状態は、第2から第3フェーズへと、自然に移行していきます。

## ◆第3フェーズ：ありたい姿に気づき、継続的にチャレンジ・成長できる

メンバーが自分らしく頑張りたいと思っても、「本当はどんな自分になりたいか、キャリアの方向性がなかなか見えない」「何をやってもコミュニケーションがうまくいかない人がいる、どうしたらいいか？」「メンバー育成がどうしてもうまくいかない」など、いくら考えても堂々巡りで、突破口が見えないことがあります。

しかし、自身の率直な気持ちを自覚したり、あらゆる角度から考え抜いたりした結果、**「あぁ、自分の進むべき道はこっちだ！」「本当はこんなコミュニケーションが取れる自分でいたい」「リーダーとして、理想的にはメンバーとこんな関係性を築きたい」**などありたい姿に気づくことができれば、そこに向かって持続的にチャレンジし、自身の理想に一歩一歩近づくことができるようになります。

そのような気づきを得るのに役立つのがコーチングです。コーチングとは、メンバーのための問い、例えば「自分にとっては何が大切なのか」「どうなったら心底嬉しいのか」「本当はどうしたいのか」などに対し、**自身にとって価値ある答えが内側から見つかるよう、自問自答をサポートする関わりです**（誘導尋問ではありません）。

どのような質問が効果的かは第4章で詳細を述べますが、それ以上に大切なことがあります。

それは、**「メンバーは自力で、自身にとって最高の答えを見つけることができる」**と信頼し、傾聴しながら応援するあり方です。

人は自分で気づいたことは自らやりたくなるものですし、その結果は「自分ごと」になります。それがもし思わしくない結果であったとしても学びになり、改善や次のチャレンジへの原動力になります。**小さな成功体験を積み重ねながらありたい自分、自律型人財に成長していくことでしょう。**

以上のように、上司はそれぞれのメンバーが現在どのフェーズにいるのかをよく観察し、そのフェーズにマッチした1on1ミーティングをしていく必要があります（例えば、メンバーがまだ本音を話せない第1フェーズではコーチングの質問はしない、など）。上司がメンバーを次のフェーズへと無理に引っ張っていくのではなく、**メンバーがいるフェーズに応じた関わりを上司が続けていくうちに、メンバーがメンバーのタイミングで次のフェーズに移行していく**、という認識が大切です。

## 1on1ミーティングは「体得スキル」

1on1ミーティングは**やり方が分かればすぐに効果が上がるようなものではなく、上司の**

**考え方（あり方）を含めた「体得スキル」であり、ある程度の継続実施によって少しずつ効果が実感できるようになるものだ**と言えます。

まず体得スキルとは何か。例えるならば、自転車に乗れるようになるようなものです。理論を聞いて、お手本を見て、少し基本動作を試してみただけで、いきなりスイスイ運転できるようになるシロモノではありません。公園で転びながら、「なぜ転んだのか？」「何をどう改善すればいいのか？」、練習したりアドバイスを得たりしながら、だんだんコツを掴んで、いつか無意識に乗れるようになるものです。1on1ミーティングの体得にも、基本的には同様のプロセスが必要だということになります。しかし逆に言えば、やり続ければ**遅かれ早かれ誰しもできるようになるもの**です。

## 1on1ミーティングの極意は「やり方」より「あり方」

効果的な1on1ミーティングの極意は「やり方」より「あり方」です。つまり**スキルより前に、メンバーが自ら「この上司のもとでもっと輝きたい、成長したい！」と思うような上司であることが大切です。**こう書きますと、「上司ばかり大変ではないか」と思われるかもしれませんが、実は**上司にはメンバー以上のメリットもあります。**例えば、

・メンバーのメンタルヘルスが好転し、笑顔が増えると自分も嬉しい。
・揺るぎない信頼関係の中、メンバーが自律型人財に成長してくれる。すると権限委譲が進み、マネジメント業務に集中できる。
・より上位職に昇格した際さらに必要になる、「人が動きたくなるリーダーシップ」が身につく。
・自らの心情とも深く向き合うことになるため、人間力が磨かれる。仕事はもちろん、プライベートも人生も豊かになる。

……言うのは簡単でやるのは大変ですが、だからこそ**人生全体としての報酬が大きい**のではないでしょうか。

次章からは、多く寄せられた１ｏｎ１ミーティング実践におけるお悩みについてＱ＆Ａ形式で紐解いていきます。その際、本章の「一般的な面談と１ｏｎ１ミーティングとの違い（25ページ）」や「自律型人財に育っていくとき、メンバーが移行する３つの「フェーズ」イメージ（29ページ）」の図を念頭に置いていただきながら読み進めると、より理解しやすいはずです。

## 1on1ミーティングを導入することで、各企業が克服しようとしている課題の例

**【メンバーに関する課題】**

・メンバーが本音を話してくれない（何も話してくれない／優等生的な答えしか言ってくれない）
・メンバーが自分で考えてくれず、指示待ちや他責な様子である
・メンバーに旺盛なやる気や成長意欲が感じられない
・メンバーのやりがいやエンゲージメントが高まらない
・メンバーのメンタルヘルスの状況が悪化している
・メンバーが自身に対する業績などの評価に納得できず、モチベーションが下がっているなど

**【上司に関する課題】**

・上司がメンバーとの信頼関係をうまく築けない
・上司がメンバーをモチベートできない

・上司がパワハラ／モラハラ的な関わり方をしてしまう
・上司がメンバーを育成できず、権限委譲ができない　など

**【組織風土に関する課題】**

・離職率が高い
・トップダウンの組織風土が根強くあり、メンバーからの主体的提案などが出にくい
・人的資本経営を推進する一環として　など

# 第1章

# 1on1ミーティングの必要性や運営についての疑問

## 01

## 1on1ミーティングをやったら離職率が下がる、また業績が上がるとは思えません。意味はあるのですか？

結果的に離職率が下がったり業績が上がったりすることはあり得ます。しかし、離職防止などのために1on1ミーティングをやるべきではありません。

## 「1on1ミーティングって、離職防止になるんですよね？」

このように聞かれることがあります。実際に、良質な1on1ミーティングが浸透し、効果的に機能した結果、離職率が低下したという例は決して少なくありません。しかし、離職防止のために1on1をするとなると、話は全く変わってきます。

なぜなら、メンバーを辞めさせないためにやる、会社都合でその人の人生を拘束するという話になるからです。もし、私たちがそんな1on1を受けるとしたらゾッとしませんか？　むしろそのような目的では決してやってはならないことです。

## 「結果」と「目的」を混同してはならない

本当に質の高い1on1ミーティングをやり続けていくと、信頼関係が醸成され、メンバーは心からの安心感(心理的安全性)を感じるようになります。恐れたり警戒したりする必要がなくなれば、自己防衛的な言動や、自分さえ良ければいいという利己的な考えは減っていきます。

すると、上司や同僚の立場、状況を想像する余裕が生まれ、相手を気遣うことができるようになります。さらには「喜んでほしい」、「役に立ちたい」という本来の「働く」、すなわち傍(はた)を楽(らく)にする発想に無理なくシフトすることもできるでしょう。相手から感謝され、信頼され、必要とされるようになりますので、嬉しさや楽しさ、やり甲斐が湧いてきます。メンバー同士やチームの人間関係も良好になり、もっと役立ちたい、喜ばれたいと生き生きと学んだり主体的に仕事に向かうようになるので、**結果（業績）はどんどん出やすくなります**。この上司や同僚たちと一緒に、もっと仕事をしたいと思うようになり、結果的に**離職する理由などなくなるのです**。

つまり、離職率が下がるのも業績が上がるのも**１on１ミーティングの結果であって目的ではありません**。決して混同しないことがとても大切です。前述した通り、**１on１ミーティングの目的は、メンバーとの信頼関係を深め、メンバーの生き生きした活躍やありたい姿への成長を支援すること**です。

## 02

## 日頃からメンバーとのコミュニケーションは取れています。1on1ミーティングをやる必要があるのですか?

真に心理的安全性が醸成されているかなど、1on1ミーティングの本来の「目的」が果たせているかどうかで判断されることをお勧めします。

## コミュニケーションが取れていることと心理的安全性が高いこととは、必ずしもイコールではない

日頃からコミュニケーションが取れていることは、とても素晴らしいことだと思います。

一方で、**コミュニケーションをとることは1on1ミーティングの手段であって、目的ではありません**。したがって、1on1をやる必要があるかどうかは、その本来の目的が果たせているか否かによるのではないでしょうか。

例えば、普段からメンバーと雑談しているし、穏やかで波風も立たず仲良くやれているという職場でも、いざストレスチェックをやってみると、必ずしも「良い状態」とは出ないことがあります。

なぜ、そんなことが起きるのでしょうか。

多くの場合、「心理的安全性」が不十分であることが考えられます。**心理的安全性とは、他者からの反応に怯えたり羞恥心を感じたりすることなく、自然体の自分をさらけ出せる環境のこと**です。組織全体の目標に向かっていれば、いつでも誰もが率直に意見を言うことができ、「質問をしても安全だ」「違和感を伝えても人間関係の悪化を招く恐れはない」と、安心感が共有されている状態です。

つまり、一見すると波風が立っていなくても、「当たり障りのない話はできるけれど、上司が

不機嫌になりそうで本音は言えない」「困ったことがあっても相談できない」「失敗して責められるのが怖いので提案ができない」「違和感や異なる意見を表明すると村八分になりそう」といった、無言の圧があり、メンバーが表面上だけにこやかに応じている環境は、心理的安全性があるとは決して言えません（※）。

コミュニケーションが取れていることは素晴らしいことですが、さらに一歩踏み込んで、**メンバーが本当はどう感じているのか**、また**上司自身も相手の人格を尊重しつつ、メンバーに伝えたいことを率直に言えているかどうか**について、関心を持つことが大切です。**メンバーが異論も含めて本音を話せ、自身の意欲・能力を存分に発揮しやすいと感じているかどうか**で、1on1を導入する必要があるかを判断されてはいかがでしょうか。

（※）日本版「チームの心理的安全性」4つの因子として、①「話しやすさ」因子、②「助け合い」因子、③「挑戦」因子、④「新奇歓迎」因子があると言われています。（石井遼介著『心理的安全性のつくりかた』より）。

## 実践者の声

「メンバーが9名います。心理的安全性が十分醸成されているかといった視点で見ようと（これまではそういった視点で見ることはなかったので）、業務中の会話で相手の話し方を注意深く見聞きすると、まだまだ心理的安全性が十分と思える人ばかりではないと気づきました。」

「現在のグループへ異動して数か月という短い時間で、私自身もメンバーに対し十分に心を開いて接してるかなと自問自答する中、やはりまだ身構えている人がいることに気づきました。なので、本音が話せるように日々取り組んでいます。」

「心理的安全性をつくることが最初に重要だと感じました。メンバーと同じ部署になってから数年経過していたのですが、あまりパーソナルな部分の会話はしていなかったと感じ、1on1の最初のテーマは、自分の仕事の価値観にし、自己開示することから始めました。プライベートなテーマを含め、心理的安全性をしっかり固めようと思います。」

## 03

## 高い専門知識やリーダーシップがあるメンバーへの1on1ミーティングは、どうすればよいのでしょうか？

**通常通り、横の関係で寄り添って、メンバーを応援することをお勧めします。**

## 役に立てないのではないか……～1on1ミーティングは、指導する場ではない

「すでに高い専門知識や優れたリーダーシップがあるメンバーに1on1ミーティングをやっても、役に立てないのではないか」「もし、使えない上司だと思われたらどうしよう?」。誰しも一度は、このような不安を感じたことがあるのではないでしょうか。

もし、1on1ミーティングがメンバーを指導する場だとしたら、確かに「メンバーの方が詳しいのに何をやればいいんですか?」という疑問はもっともです。

しかし1on1の目的は、メンバーとの信頼関係を深め、話したいことを存分に話せるようになってもらうこと(第1フェーズ)、安心感の中、メンバーが頑張る意味や力を発揮しやすい仕事の仕方などについて話し合うこと(第2フェーズ)、そして「本人にとってはどうなったら嬉しいのか」「理想はどんな自分でありたいのか」「本当はどうしたいのか」などについて問いかけ、肯定的に受け止め応援すること(第3フェーズ)です。

優れたリーダーシップがあるメンバーへの1on1ミーティングは、おそらく第3フェーズでの関わりが多いと思いますが、**いずれのフェーズにおいても答えはメンバーの中にあります。**

つまり、**上司側に専門知識があるかどうかは関係ない、なくても大丈夫**ということになります。

私は様々な業界の経営者、経営層向けにエグゼクティブコーチングもしていますが、どのクライアントも例外なく、極めて高い専門知識と優れたリーダーシップを持っています。そして、私はもともと金融業界出身ですので、他業界（メーカー、ＩＴ企業、製薬会社など）についての知識は素人同然です。

どんなに優秀な方にとっても、安心して本音や弱音を吐露できる場は必要です。人生において仕事に邁進する意味を見出すことはとても大切ですが、本当はどんな自分でありたいのか、どうしたいのかについて自覚することは誰にとっても困難です。さらには、立場が高い方ほど率直にフィードバックしてもらう機会を欲しています。そのようなところでお役に立ちたいとき、コーチにその業界、仕事に関する専門知識があるかどうかは、基本的には関係ないのです。

それと同様に、ベテランメンバーに「私には１ｏｎ１は必要ないですよ」と言われたときも、その人が**１ｏｎ１を「メンバーが指導される場」と誤解していないか**、１ｏｎ１の真の目的を理解しているか、確認することをお勧めします。

むしろ、皆が気づいていない深い課題に気づいていたり、本当は後輩に伝えたい大切なことがあったりしても、若い人に煙たがられるのも何だからと何も言わずにいるベテランメンバーがいたら、「ぜひ教えていただきたいので、そのようなことを伝えていただく場を、定期的に設けてはどうでしょうか？」と声をかけるのはいかがでしょうか。喜んで協力してくれるベテランメンバーもいるのではと思います。

## 価値がない上司だと思われたらどうするか

私はあるコーチングセッションで、クライアントから次のようなことをお話しいただきました。

その方はかつてトップセールスで、営業部長となってもご自身の勝ちパターンをメンバーに教えることで、素晴らしい成果を上げてきました。その後、異動でマーケティング部長を任せられたのです。

クライアントにとってマーケティングは専門外であり、かたや新たなメンバーたちはこの分野で非常に高い知識やスキル、豊富な経験を持っていました。したがって、「自分より優秀なメンバーをどうやって治めればいいいんだ？　価値がない上司だと思われないだろうか……」と非常に悩んでいました。

私は問いかけました。

「かつて○○さんがトップセールスだった時に、もし別の部署からセールスの専門知識に詳しくない上司が異動してきたら、その方にはどんなことを期待しますか？」

すると、

「……セールスの知識というより、こちらの状況に寄り添ってくれて一緒に悩みながら、伴走してくれることですかね。」「**自分の成長や経験を積むことを応援してくれる人は、社会人にそ**

**う多くない。特に同じ会社で、さらに上司でいてくれたらすごく幸せなこと。**自分よりも専門性に富むメンバーがいることは負い目に感じることではなく、むしろ望ましいことだ！」と気づかれました。言うまでもなくその方はマーケティング部長としても成功し、さらに執行役員に昇進しました。

また、決して気休めで申し上げているのではなく、メンバーがより高い専門性を持っているということは、そこに時間を割いてきたからですが、その間、上司も別の分野で一生懸命生きてきました。彼らが詳しくないであろうことをたくさん経験してきたはずなのです、仮に上司の方が若くても、申し訳ないと感じる必要など1ミリもありません。

1on1ミーティングはより優れた上の者が指導する場ではなく、相手がどんな人でも横の関係で寄り添う場です。**「私は私らしくあれば良い」と健全な自信を持って、メンバーを応援していきませんか？**

# 04

1on1ミーティングを受け入れてくれないメンバーがいて、困っています。

メンバーが納得感を得られるように、1on1ミーティングの必要性や目的をオリエンテーションすることが大切です。

# メンバーの主体性と協力がなければ、1on1ミーティングはできない

「1on1ミーティングに興味を示してくれない、やりたがらないメンバーがいるのですが、どうしたらその気になってもらえますか」という質問をよくいただきます。

例えば、誰しも次のような経験があるのではないでしょうか？

・家族に勧められてとりあえずダイエット本を買ってみた。しかし、書いてあったことを少しやってみたが、いつの間にかやらなくなってしまった。

・「3か月後は一世一代の晴れ舞台。ぜひ引き締まった身体で臨みたい」と思ってダイエット本を買った。何とか継続でき、目標を達成することができた。

つまり前者のように、人は、何をやるか（WHAT）や、どうやるか（HOW）だけを伝えられてもモチベーションは上がりにくいですが、後者のように、何のためにやるか（WHY）が腹落ちすると、主体的に取り組みたくなります。

すなわち、1on1ミーティングをやります（WHAT）、やり方はこうです（HOW）とだけ伝えられると興味ややりたい気持ちは湧きにくいのですが、メンバー自身にとって、さらには上司、会社にとってこんなメリットがある（WHY）ということが腹落ちすると、主体的に取り組みたくなります。

何のために、どんなメリットのためにお互い時間をとって1on1ミーティングをするのかをメンバーに伝え、腹落ちしてもらい、目的を共有するプロセスを「オリエンテーション」といいます。メンバーの主体的な協力なくして、満足度の高い1on1ミーティングを始めることも継続することもできません。

## オリエンテーションでは何を話すのか

オリエンテーションでは、次のようなポイントをお話しされることをお勧めします。

・組織が抱えている課題とありたい姿、また、1on1ミーティングをそこにどう役立てたいのかという、会社やチームが1on1を導入する目的
・一般的な面談と1on1ミーティングとの違い
・1on1ミーティング自体の目的「メンバーとの信頼関係を深め、生き生き活躍することや、ありたい姿への成長を支援すること」
・1on1ミーティングで扱うテーマの例
・コーチングとは何か。すなわちメンバーは上司の質問を活用して自問自答し、自身にとって価値ある答えを、感情などを頼りに内側から見つけていくこと。決して上司が期待する答え

**を当てるもの（誘導尋問）ではないこと　など**

もし余裕があれば、１ｏｎ１ミーティングに取り組んだ全国のメンバーたちが感じた次のようなメリットも紹介いただくと、より前向きになってもらえるかもしれません。

**〈１ｏｎ１ミーティングを通じて、メンバーたちが感じたメリットの例〉**

✓安心して本音が話せるようになり、上司に相談しやすくなった
✓気になっていることやわだかまりを早めに共有することができ、心身のストレスが減った
✓提案を聞いてもらえる機会が増えて、モチベーションが上がった
✓自分の長所や強みが分かって、少し自信がついた
✓何のためにこの仕事を頑張るか、自分の目的や大切にしたいことが見えてきた
✓ありたい自分の姿やキャリアの方向性が、少しずつ見えてきた　など

少し大変と感じられるかもしれませんが、メンバーにオリエンテーションをし、メンバーの質問に答えようとするプロセスで、上司の皆さん自身の理解や確信も深まってきます。そうなれば、１ｏｎ１ミーティングの効果がより高まるのは間違いありません。

## 1on1ミーティングに対してまだ誤解があり、改めてオリエンテーションをする必要がある場合

1on1ミーティングに対して、メンバーが以下のような誤解をしているケースがあります。上司が「○○さん（メンバー）にとっては何が大事？」「○○さんは、本当はどうしたい？」など、メンバーの価値観に寄り添おうと自問自答を促す質問をしても、メンバーからは〝説明調〟、または〝報告調〟で答えが返ってくる場合があります。

言うまでもなく1on1ミーティングは報告の場ではありませんので、上司としては違和感があるはずです。恐らくは、メンバーの中に「上司に質問されたら、正解や上司が期待する答えを言うべきだ」という信念や、「1on1は業務の進捗などを報告する場だ」という誤解があるのではないでしょうか。

また、上司の問いかけに対し、メンバーが即答、あるいは一問一答的に回答して話がブツ切れになるような場合は、「上司が知りたいのだろう」「訊かれたから答えています」といった誤解がある可能性があります。そのほかには、信頼関係が不十分で、メンバーが本音を話したくないケースもあり得ますが、それについては第2章【10】で述べます。

さらには、「メンバーが主役」という意味を取り違えられているケースもあります。1on1におけるメンバーが主役とはどういう意味でしょうか。メンバーは好き勝手に思いを訴えて上

司に何でも言うことを聞いてもらえるとか、自分で考えなくても上司から回答やアドバイスがもらえるなどということではもちろんありません。上司も、もし要望に添えなかったらどうしよう？　と恐れる必要はありません。

「メンバーが主役」とは、あくまで「メンバーが自身の人生のオーナーとして歩み、少しでも自分らしさを発揮しよう、ありたい姿になっていこうとするのを上司が応援する」という意味です。苦しい時や、元気が出ないこともありますが、何とか光を見つけたいと思うメンバーを、私たちは心から応援したいと思うのではないでしょうか。

前述のような違和感を覚えたら、**「〇〇さん、感じたことを伝えてもいい？　私には、何だか私に『報告』してくれているように見えるよ（訊かれたから私に答えているように見えるよ／メンバーが主役という意味を誤解しているように見えるよ）」。「実際、どうかな？」と誤解しているかどうかを確認し、もしそうであれば、「では、もう一度1on1ミーティングの目的について確認しようか？」と、オリエンテーションを改めて実施することを強くお勧めします。**

1on1ミーティングの目的を正しく共有できていないまま進めていくと、もちろんうまくいきませんし、むしろお互いに苦痛を感じる時間になってしまう恐れがあるからです。

## 実践者の声

「1on1を実施するにあたって、メンバー自身にそれが有意義なものであると感じてもらいたかったので、オリエンテーションが非常に大切だと感じました。なぜ自分が1on1を実施したいと思うのか、そこで実現したいことは何なのかと、自分の想いも交えながら伝えたところ、メンバーにも伝わったのではないかと思います。」

「現部署に着任したばかりだったので、1on1ミーティングが良い機会になりました。オリエンテーションでメンバーに目的を分かってもらい、まずは自分のことをオープンに話しました。するとメンバーも個人的な話を聞かせてくれ、信頼関係を作るのに良いスタートが切れたのではと感じています。」

「オリエンテーションで、『評価面談とは違うんだよ』『緊張しなくていいんだよ』と、1on1ミーティングの目的について話しました。『私は1on1の研修を受けていてね、まだ練習中だから、ちょっとうまくいかなくても許してね』と自己開示しました。メンバーの表情が変わって、何かグッと関係が近づいた感じがしました。」

## 05

### 繁忙で1on1の時間が取れません。また、メンバーが忙しさを理由に、1on1の時間を取ってくれません。

忙しいからこそ、むしろ1on1ミーティングの重要性が高まっています。もし質の高い1on1を習慣化できれば、その時間の蓄積は素晴らしい価値を生み出します。

## 1on1ミーティングの時間をいかに作るか

「1on1ミーティングをやりたくても、なかなか忙しくて時間が取れない」「メンバーと勤務地が遠いので物理的に会えない」「メンバーが多忙を理由に時間を取ってくれない」など、悲鳴にも似た声をよく聞きます。

第1章【04】に書いたように、まず**オリエンテーションをしっかり行い、お互いに1on1ミーティングをやりたい**という状態になることが大前提です。その上で、あとはどう時間を作るかということになります。

「忙しい」ということは、タイムマネジメントが深く関わってきます。タイムマネジメントには次のような考え方があります。

・仕事には重要度と緊急度がある。**重要か否かは、求めている結果に直結する仕事かどうかで判断します**（例：営業の場合、お客様に会うのは結果に直結するので重要、日報を書くのは重要ではないなど）

・したがって仕事は以下の4種類がある。重要かつ緊急な「第1象限」の仕事／重要だが緊急ではない「第2象限」の仕事／重要ではないが緊急な「第3象限」の仕事／どちらでもない「第4象限」の仕事

### 図05-1　通常、行いがちな優先順位のつけ方

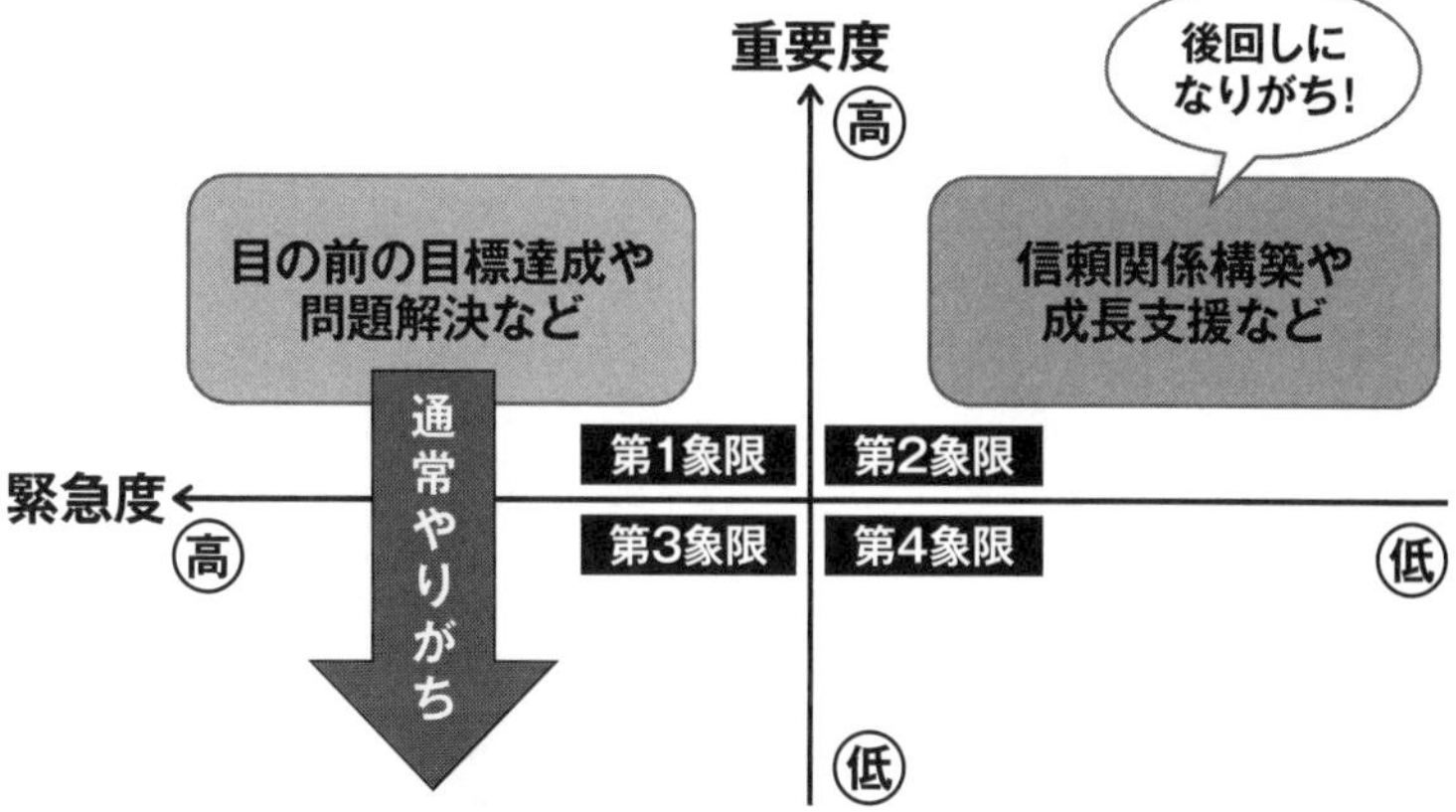


### 図05-2　信頼関係が深まり成長が促進される優先順位のつけ方

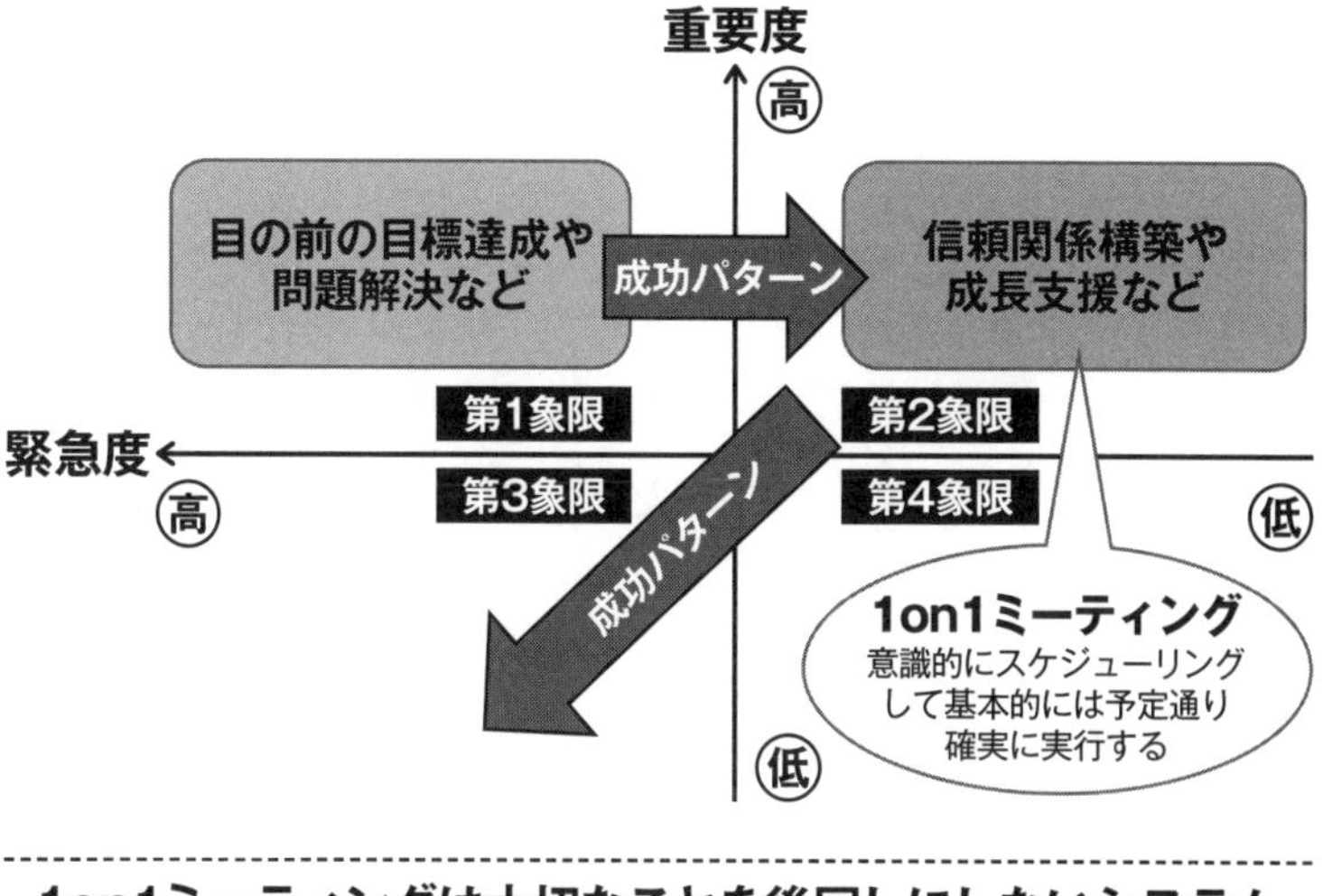


**1on1ミーティングは大切なことを後回しにしないシステム**

普段、私たちはどのような順番で仕事を行っているでしょうか。最初に取り掛かるのはもちろん第1象限の仕事。その次は？　……おそらく多くの人が取り掛かるのは、第3象限の仕事（結果には直結しないが期日のある事務処理など）ではないでしょうか。なぜか？　人は本能的に緊急性に引っ張られがちだからです。そうなると、**重要だが緊急ではない第2象限の仕事は後回しになります**（図05-1）。

**第2象限の中には、メンバーとの信頼関係構築やありたい姿への成長支援なども含まれます。**忙しいことを理由にこれらを後回しにし続けると、どんなことが起きるでしょうか。メンバーは「上司は自分のことを人ではなく駒としてしか見ていないのでは？」と不信感を抱いたり、「やり甲斐などない。仕事は生活のために仕方なくやるもの」と意欲を失ったりするかもしれません。それらが積み重なるとメンバーはさらにつらい状況となり、取り返しのつかないことにもなりかねないのです。

したがって私たちは、タイムマネジメントにおいて**第1象限の次は第2象限に移行することがとても大切です**（図05-2）。第3象限の仕事はスキマ時間でこなし、第2象限の仕事は後回しにせず意識的にスケジューリングして、基本的には予定通り実行するよりほかありません。

つまり、**皆忙しく、信頼関係構築や成長支援などが後回しになりがちだからこそ、1on1を確実に実施する重要性が高まっているのです**。また、勤務地が異なり会いにくいなどの場合も、オンラインでもよいので実施されることをお勧めします。

# 1on1ミーティングを「ピットイン」と捉えてみる

自動車のレースに「ピットイン」と呼ばれる行為があります。猛スピードで走る自動車レースでは燃料を急速に消費しますし、タイヤもどんどんすり減ります。ですから、レース中にコースを逸れて「ピット」と呼ばれる作業スペースに入り、燃料を補給したりタイヤを交換したりしてレースに戻るのがピットインです。

ピットイン中もライバルはコースを猛スピードで進んでいますから、コンマ数秒を競うレースでは、ピットインする判断は勇気を要するかもしれません。しかし、それを後回しにし続けると、レースに勝つどころか事故すら起こしかねません。

**忙殺され大変なことも多い毎日の中で、定期的にメンバーとの関係を改めて深め、メンバーの心も頭もスッキリしてもらい、また生き生きと仕事に戻ってもらうサイクル**があれば素晴らしいことです。そう考えると、**1on1ミーティングはピットインに似ている**とも言えませんか？　そんな大切な場なのだとメンバーと共有できれば、協力して時間も設定しやすくなるのではないでしょうか。

## メンバーの人数が多く、時間の確保が難しい場合

メンバーの人数が多く、物理的に時間の設定が難しい場合は、協力してアイデアを絞り、無理なく続けられる最適なやり方を見つけていく必要があります。例えば、以下のような方法はいかがでしょうか。

・行う頻度を下げる
・上司が中間層に、中間層がその下のメンバーに1on1を行うヒエラルキー方式
・メンバー間で不公平感が出ないような段階導入（例：入社3年目以内のメンバーには隔週実施、3年目超のメンバーには月1回実施など）
・繁忙期には、柔軟に頻度を落とす　など

逆説的ですが、時間があるからと1on1を設定する上司より、**時間がない中でメンバーとの時間を優先的に設定してくれる上司の方が感動があり、よりメンバーとの信頼が深まるかもしれません。**また、職位が上がっていくほど現場から離れ、長期ビジョンを考えるなど第2象限の仕事の重要性が増していきます。時間を取るのが大変だからこそ、感動があったり将来への効果的なトレーニングができたりする。それも素晴らしいことだと思いませんか？

## 06

## 1on1ミーティングの始め方、進め方、終わらせ方が分かりません。

**1on1ミーティングの基本的な流れの例をご紹介します。**

## 図06-1　初回の1on1ミーティングのフロー例

**【準備】**

・上司はオリエンテーションの準備をして臨む
・1on1ミーティングの実施タイミングは、お互いに慌ただしい中より前後に少し余裕のあるタイミングで設定できるとベター

**【1on1ミーティング当日】**

**アイスブレイク**
雑談し、お互いにリラックスする

▼

**オリエンテーション**
**上司から、1on1オリエンテーションを実施する**
（実施内容は52ページ【04】参照）

▼

**メンバーの疑問解消**
メンバーからオリエンテーションの感想を聞く。
疑問があれば、メンバーが腹落ちできるまで話し合う

▼

**メンバーの希望を聞く**
メンバーから、今後1on1ミーティングで
どんなことを話したいか
どのように活用できたら嬉しいかなど聞く

▼

**クロージング**
次回の1on1の日時を協力して決める。
次回話したいテーマについて思いを巡らせておいて
ほしい旨、メンバーに依頼して終了する

## メンバーのリラックスが不可欠

効果的な1on1ミーティングを実現するには、メンバーがリラックスできていることが不可欠です。それには、場所の選択も大切です。緊張する面接のような圧迫感のある空間ではなく、**誰にも話を聞かれない安心感があり、繁忙な日常と切り離してじっくり考えられる環境がお勧めです。**そして、可能であれば上司とメンバーが90度の位置関係（テーブルの角を挟むなど）で座れると、自然なアイコンタクトがしやすくベストです。そのような環境で、雑談から始めると良いでしょう。

初回のメインはオリエンテーションです。（第1章【04】参照）。**1on1ミーティングの目的やテーマの例などを伝え、メンバーに疑問があれば腹落ちできるまで話し合うことが大切です。**（1on1ミーティングを受けるメンバーが一堂に会し、人事部主導でセミナー形式のオリエンテーションを行う場合もあります）。

2回目以降は、事前準備としてお互いに前回の1on1の内容を振り返り、整理した上で臨みます。前回以降の気づきや実践について振り返り、そこで得た学びについて深めることができたら、**その日話したいテーマについて対話していきます。フェーズ2または3のテーマの場合、コーチングをすることも可能です。**

## 図06-2　2回目以降の1on1ミーティングのフロー例

### 【準備】

- 上司は前回のセッション内容について振り返る
- メンバーは前回のセッション内容と、それに基づき意識したことや実践したことについて整理する

### 【1on1ミーティング当日】

**アイスブレイク**
雑談し、お互いにリラックスする

▼

**前回以降の振り返り**
前回以降の気づきや実践について振り返る。
そこにどんな学びがあったか、対話で深める

▼

**今日のテーマについて（メインパート）**
**今日話したいテーマについて対話する。**
**フェーズ2または3の場合、コーチングも可**
（メンバーがテーマを思いつかなかった場合、フェーズ毎のテーマ例を見せても良い（74ページ【07】参照）

▼

**今日の振り返り**
今日のセッションを振り返り、気づいたことや学んだことを
整理してもらう。これから意識したいことや
実践したいことを明らかにしてもらい、勇気づける

▼

**クロージング**
次回の1on1の日時を協力して決める。次回話したい
テーマ（今回の続き、または別のこと）について思いを
巡らせておいてほしい旨、メンバーに依頼して終了する

テーマについての対話が終わったら当日のセッションを振り返り、印象に残ったことや気づいたことについてメンバーに自由に話してもらいます。気づきをきれいにまとめることが目的ではなく、メンバーがこの時間を思い返し、話しながら自然に頭を整理する（オートクライン）ことが目的ですので、上司がまとめようとせず、メンバーの話を「そう感じたんだね」と肯定的に受け止めることが大切です。そして、これから意識したいことや実践したいことを明らかにしてもらい、「応援しているよ！」など勇気づけします。

## 雑談の大切さ

初回および2回目以降の1on1ミーティングのフロー例（図06-1、図06-2）では、いずれも雑談からスタートします。すぐに本題に入ると往々にして硬い雰囲気になり、メンバーは「何か適切なことを言わなければ」と緊張して本音を話せなくなりがちだからです。

雑談の目的は2つあります。一つはメンバーが何でも話せるよう、ウォーミングアップを行うことです。メンバーの話す割合が多い方が望ましいでしょう。もう一つはより重要で、**「メンバーのことを単なる〝戦力〟と思っているのではない、人間として仲間としてとても気にかけているよ」と伝えるため**です。

メンバーが頑張ってくれたことへの感謝を伝えることから始めたり、安心してもらうため最近の失敗談を話したりする。ほかには、メンバーが最も話しやすい話題はメンバー自身に関することなので、「体を鍛えていると言っていたけれど最近調子はどう？」「お子さんもうすぐ受験だったよね？　大変じゃない？」など、大切な友達に寄り添うように問いかける。通り一遍の雑談に比べ、幸福感が高まるのではないでしょうか。

もちろん雑談が苦手な人もいるでしょう。ちなみに私は苦手でしたし、雑談が生まれつき得意な人はそう多くない印象です。

ではどうすれば良いか。準備と練習です。多くの人は**準備と練習で、雑談ができるようになっています。**そこまでして1on1ミーティングをしなければならないのですか、となりそうですが、雑談力は1on1にとどまらない一生ものです。長い人生、雑談が必要な場面や苦手な人と話さなければならないケースは必ず出てきます。ですが、**雑談ができると初対面の人にも短時間で心を許してもらえるようになり、人生が豊かになります。**事前準備の際、メンバーに想いを馳せるとだんだん問いかけが浮かぶようになります。ときに沈黙になっても大丈夫です。メンバーのため、そして何よりご自身の人生のために、雑談にチャレンジしませんか？

## その他の、1on1の進め方に関するご質問

**Q．オンライン実施の際、メンバーが顔を出してくれません。どうすればよいですか？**

オンラインで行う1on1の方が、対面実施より難易度は高いです。経験的に共感していただけると思いますが、対面では視覚と聴覚以外の「場を共有する」感覚があり、信頼関係構築や気づきにつながりやすいからです。いわんやオンラインで顔の表情も見えないとなると、メンバーの感情を感じることの難易度は一気に上がります（プロコーチでも、そうです）。

しかし、その場で「顔を出してください」などと言うと、ハラスメントとも取られかねません。したがって私のお勧めは、**1on1ミーティングのグランドルールをあらかじめ共有しておくことです**。「我々のオンライン1on1はどんなものが理想的だろう？　やはり相手の体調や感情に寄り添うために、よほどの場合を除いてお互い顔を出した方がいいよね」など、事前に共有しておくのはいかがでしょうか。

**Q．1on1ミーティングでメンバーから聞いた話は、自身の上司などに報告した方がいいですか？**

基本的に報告すべきではありません。上に報告がいくとメンバーは本音で話せなくなります。ご家族の体調が思わしくなく、これから仕事を早退しがちになるなどのよほどのことを除いて、**メンバーとの守秘義務（ここで聞いた話は決して他には漏らさない）を守ってください。**

## Q．1on1を行う際、メモを取ってもいいのですか？　メンバーから「評価対象」などと思われるのではないでしょうか？

**メンバーに許可を得て行えば、むしろメモを取るのは良いことです。**上司がメンバーの前回の話を覚えていない、かつての話を忘れているということになると、メンバーに残念な気持ちを抱かせ、信頼が低下する恐れがあるためです。

したがって、「私しか見ないので、○○さん（メンバー）の話や経緯を忘れないためにメモをとってもいいかな？　情報が漏れないようしっかり管理するから」など、許可を得て行うことをお勧めします。ただし、メンバーが話しているのにメモに気を取られて下ばかり見ているのでは本末転倒です。メモは最低限キーワードを記録するなどにし、メンバーの目や表情を見ながら傾聴する姿勢が大切です。

## Q．上司側に心の余裕がない／モチベーションが上がっていない時は、１ｏｎ１は実施できないのではないですか？

おっしゃる通りです。こちらのコンディションが相手にそのまま影響します。余裕がなさそうに見える上司を見て、メンバーがもし「お忙しいのに私の１ｏｎ１に時間を取らせて申し訳ありません……」といった気持ちになると、安心して本音を話すことはできません。むしろ心に余裕がなかったメンバーが、上司との１ｏｎ１で平静とエネルギーを取り戻すことが１ｏｎ１ミーティングの醍醐味です。

ですから、上司は少しでも良い状態で１ｏｎ１に臨む必要があります。しかし上司も人間ですから、急なトラブルもあればプライベートな理由でモチベーションが下がることもあります。

したがって、ギリギリまで他の仕事をして急に１ｏｎ１ミーティングに入るのではなく、せめて5分前には前の仕事から離れ、必要あれば外の空気を吸うなどしてコンディションを整えることをお勧めします。そして、前回のセッションを改めて思い出したり、今日の素晴らしい１ｏｎ１やご自身の理想の上司像をイメージしたりして良い気分で臨むのです。調子が悪くても、このあとにお客様に大事なプレゼンがある時などに気持ちを整える練習にもなります。私はいつも、セッションの15分前には最高の状態に向けて準備を始めています。

## 07

メンバーがテーマを思いつきません。また、継続実施する中で、テーマが尽きてしまいます。

テーマが見つからなかった時は、テーマ例をメンバーに見せて選んでもらうのも効果的です。

## レストランのメニューのように見せて、ヒントを提供する

オリエンテーションがうまくいき、メンバーが1on1ミーティングに主体的に取り組むようになったとしても、話したいテーマが見つからないこともあります。そのような場合は、**上司がテーマの例をレストランのメニューのように見せて、「この中で話してみたいものはある？」と選んでもらうのも効果的**です。

ヒントなしで「今日はどんなことを話したい？」と訊かれると出てこなくても、ヒントがあれば「そういえば、ちょうどこれを話したかったです！」という反応が返ってくることはよくあります。

次ページに、フェーズごとのテーマ例をリストアップしました。これらは**「1on1をうまく活用できた」と報告してくれた全国のマネジャーおよびメンバーたちが実際に対話したテーマ**です。

緊急性の高い目標達成や問題解決の方法、仕事の進捗ややるべきことなどについて話す**一般的な面談とは異なり、**すべてメンバー本人にとって重要なことであり、話す内容のイメージは、感情、価値観、本質的な気づき、心からのありたい姿、やりたいことなどに関するものです。

## 第1フェーズのテーマ例
## ～上司に信頼と心理的安全性を感じ、安心して本音が話せるために

メンバーが、まだ安心して本音を話せない様子の時に使うテーマ例です。最初の方にあるものが、よりハードルが低く話しやすいテーマ（上司が少しリードするテーマ）、後半になるほどメンバーが徐々に心を開きつつある時に話しやすいテーマです。

・上司側からの、プライベートや失敗談などについての自己開示
・メンバーを日頃観察していて、上司が感じた変化、成長や感動について
・メンバーがチームにもたらしてくれた貢献や感謝について
・上司の夢や働く想いなどについて
・上司にとってメンバーの大事さ、上司からのリスペクトや信頼、応援について
・上司からメンバーに謝りたいことについて
・日頃の業務や在宅勤務に関する悩みや疑問などについて
・日頃感じているモヤモヤや不安などについて
・メンバーが聞きたいと思っている、上司の思いや考え、経験などについて
・最近の心身の健康状態について

・お互いの趣味や好きな時間の過ごし方について
・お互いの違いを認め合うことについて
・どうしてこの会社やチームを選んだか、お互いの初心や夢について
・メンバーが聞いてほしいと思っている、仕事以外の本音、個人的な悩み（健康、家族など）などについて

## 第2フェーズのテーマ例 〜自分らしく頑張りたいと、内発的に動機づけられるために

メンバーは本音を話してくれるものの、何のために頑張るのか見えない、自分らしく頑張る方法が分からないなど内発的に十分動機づけられていない時のテーマ例です。最初の方にあるものが、よりハードルが低く話しやすいテーマ、後半になるほどメンバーが徐々に動機づけられつつある時に話しやすいテーマです。

・現在の仕事に対するモチベーションの状態について
・上司が感じる、メンバーの強みや魅力について
・メンバーが感じている弱みと、望ましい協力のされ方について

- 失敗からどんな学びがあり、今後にどう活かせるかについて
- 尊敬する人やチームからの学びで、自身に取り入れたいことについて
- メンバーのやる気や勇気にブレーキをかけている正体の整理や、取り除く方法について
- お互いに日頃感じている違和感と、どう協力すれば気持ちよく仕事できるかについて
- どんな環境や働き方、どんな上司のサポートがあれば、力を発揮しやすいかについて
- メンバーが知りたい、自身への現在の評価や、それを向上させる方法について
- どんなとき、どんなことに楽しみややり甲斐を感じるかについて
- 過去の経験（学生時代も含め）や尊敬する人などについての話をきっかけにして、メンバー自身が大切にしたい価値観、幸せを感じる働き方などについて
- メンバーが本当にやりたいことについて
- これまでの人生経験から得た学び、信念や価値観について
- 組織の目的やミッション、チーム目標などと、自身の価値観との共有ゾーンについて
- 現在担当している業務の、本人のキャリアや人生における意味について
- 上司がメンバーに期待する気持ちについて（押し付けでない、ニュートラルな勇気づけ）
- お互いの深い価値観について
- 自分の仕事や人生にオーナーシップ（主体性）を持つことについて

## 第3フェーズのテーマ例
## ～ありたい姿に気づき、継続的にチャレンジ・成長できるために

自分らしく頑張りたいと思っても、コミュニケーションがうまくいかない、自身のありたい姿がはっきり見えてこないなど、堂々巡りで突破口が見えない時に対話するテーマ例です。後半はリーダークラスのメンバーのテーマ例となります。

- うまくいかない人間関係や、難しい人にどう向き合いたいかについて
- どんな自分になれば、また協力者を得られれば、問題を解決し乗り越えられるかについて
- 何の制約もなかったら、本当はどんな夢を実現し、どんな自分になりたいかについて
- チャレンジしたい中長期の目標や、身につけたい能力・スキルの習得などについて
- 今後の自分らしいキャリアの方向性について
- すぐに数字や結果には表れないが、今のうちから準備や行動していきたいことについて
- チームにおける自身の役割や貢献の向上について
- 上司からメンバーへの、より高いレベルのリクエストについて
- より生産性や人生の豊かさが向上する時間の使い方、優先順位のつけ方について
- 家族の将来について

**〈リーダークラスのテーマ例〉**

・日常業務を行いながら、どうイノベーションや組織改善を行っていくかについて
・多様性の尊重や、組織の心理的安全性の醸成について
・自分らしいリーダーシップ・スタイルを明確にし、確立することについて
・どのようにメンバーを育成し、権限委譲すればよいか
・メンバーの成長のため、ネガティブ・フィードバックをどのようにするか
・ベテランメンバーから知見、智慧を共有してもらうことについて
・どんな最高のチームビジョンを描くか、それに向けたアプローチについて
・他組織との相互リスペクト、目的共有や役割分担、シナジー創出について
・リーダーとして判断基準や価値観を明確にし、決断力を高めることについて
・人生において登りたい山、使命感や人としての成長について

以上のようなテーマ例も活用しながら1on1ミーティングを重ねていき、フェーズが進んでいく中で、**メンバーが常に高い問題意識や向上心を持ち、自らテーマを用意する習慣が身につくようになると理想的です。**

第 2 章

# メンバーが本音で話せるために　～第1フェーズ

## 08

メンバーとの間に「世代」やコミュニケーションの取り方にギャップがあり、分かり合うのが難しい状態です。

自分とは異なる、相手の背景や立場、タイプに思いを馳せ、お互いにリスペクトし合うことが大切です。

## 「ジェネレーション・ギャップが大きくて、どう信頼関係を作っていいか分からない」

メンバーが自律型人財に育っていくとき、第1のフェーズは**「上司に信頼と心理的安全性を感じ、安心して本音が話せる」**という段階でした。「何を言っても決して人格否定されることはない」「何があっても自分の味方でいてくれる」と上司を信じることができて、初めてメンバーは本音が話せるため、このフェーズを経ずに第2フェーズに進むことはありません。

ところが「そうしたいのはやまやまだけど、ジェネレーション・ギャップが大きくて、どう信頼関係を作っていいか分からない」という声を聞きます。上司だけではなく、メンバーからも聞くことがあります。

そもそもなぜジェネレーション・ギャップを始めとする、考え方の違いが生じるのでしょうか。私たちは何か強烈な体験をしたり、繰り返し同様の体験をしたりすると、価値観や信念ができてきます。

例えばある人は「非常に高い目標だがどうしても達成したい」と文字通り寝食も忘れ、土日もなく夢中で働いたところ、思わぬ支援者が何人も現れ、奇跡的に目標を達成できたとします。そんな強烈な体験をすると「誰より熱心に働くことが、成功の秘訣だ」という信念ができるかもしれません。

一方、別の人は、長時間労働を強いられた友人が何人も心と体を壊す様子を見聞きしたとします。そんな様子を見るうちに「自分を守れるのは自分だけだ。ワークライフバランスを何より重視すべきだ」という価値観ができるかもしれません。

どちらが正しいということではありません。

どちらも**本人にとっては正しく、自ら経験していないことは非常識に見えて**「相手がおかしい」と思うのです。しかし実は「おかしい」のではなく、**自分にとって「新しい」だけ**。したがって、**相手をいきなり否定すべきではありませんし、かといって「受け入れる」必要もありません。「受け止める」ことが大切です。**

「受け入れる」とは賛成する、同意するという意味です。

こちらにも価値観や信念がありますから、納得していないのに無理に同意したふりをしても、表情や声のトーンで「本心は違う」と伝わり、決して信頼関係はできません。一方「受け止める」とは、「あなたはそういうことを大事にしているんだね。ちなみにどうしてそう思うか、もう少し教えてもらえる？」という、**賛成でも否定でもないニュートラルな態度**です。それを〝テクニック〟として行うのではなく「自分にとっては新しい価値観なので、そう考える背景を教えてほしい」と、心から興味を持つことをお勧めします。

「あなたが伝えたいことをよく理解できたよ。教えてくれてありがとう」と相手をしっかり受け止められれば、「マネジャーはどうしてそう考えられるんですか？」と、相手も鏡のように受け止める準備をしてくれます。無理に仲良しグループを作ろうというのではなく、お互い異なる背景を持つ人間同士がお互いのバックボーンを尊重し合いながらより良い方向性を見つけ、共有していこうとする態度が必要なのです。

## 「メンバーが年上の場合、本音を話してもらうのが難しい」

このような声もよく聞きます。確かにどうすべきか、お互い戸惑う場合もあるかもしれません。逆に、**もしあなたの上司が5〜6歳年下だった場合、その人がどんな人であれば本音を話しやすいですか？** 例えば、

- 日々一生懸命仕事していて信頼でき、年下でも尊敬できる人
- 職位に関わらず、こちらを人生の先輩として尊重、リスペクトしてくれる人
- こちらの話を否定したり遮ったりすることなく、ちゃんと受け止めて聴いてくれる人
- 本音をざっくばらんに話してくれる人、気を使いすぎない人
- 頭を整理してくれたり、新しいチャレンジを応援してくれたりする人

などではないでしょうか。ということは、**あなたも、このような上司であれば良い**というこ

とになります（メンバーによって、上司に望む姿は多少異なると思います）。

むしろ私たち自身が、「ベテランはなかなか変わってくれないのではないか」などと考えますと、それは相手をコントロールしようとする発想ですので、〝自分を認めてくれない人〟として反発される可能性が高いと思います。私たちの思考は、ハッキリ言わなくても伝わるものではないでしょうか。

## 「こちらは普通に話しているつもりなのに、〝詰められている〟ように受け取られ、メンバーが萎縮する。どうすればよいか？」

このように困惑される方もいらっしゃいます。そのようなときは「**ソーシャルスタイル**」の違いを意識するとすっきりクリアになる場合が少なくありません。ソーシャルスタイルとは、アメリカの産業心理学者デビッド・メリル氏が提唱したコミュニケーション理論で、多くの企業でグローバルに取り入れられています。人のコミュニケーションの取り方を「感情表現」と「自己主張」の2軸で捉え、2×2で4つのスタイルに分類する考え方です（図08-1参照）。

感情表現は控え目で自己主張がストレートなタイプを「ドライビング」、感情表現豊かで自己主張がストレートなタイプを「エクスプレッシブ」、感情表現豊かで自己主張は慎重なタイプを「エミアブル」、感情表現は控え目で自己主張も慎重なタイプを「アナリティカル」と言います。

**図08-1　コミュニケーションの取り方を「感情表現」と「自己主張」の2軸で捉える**

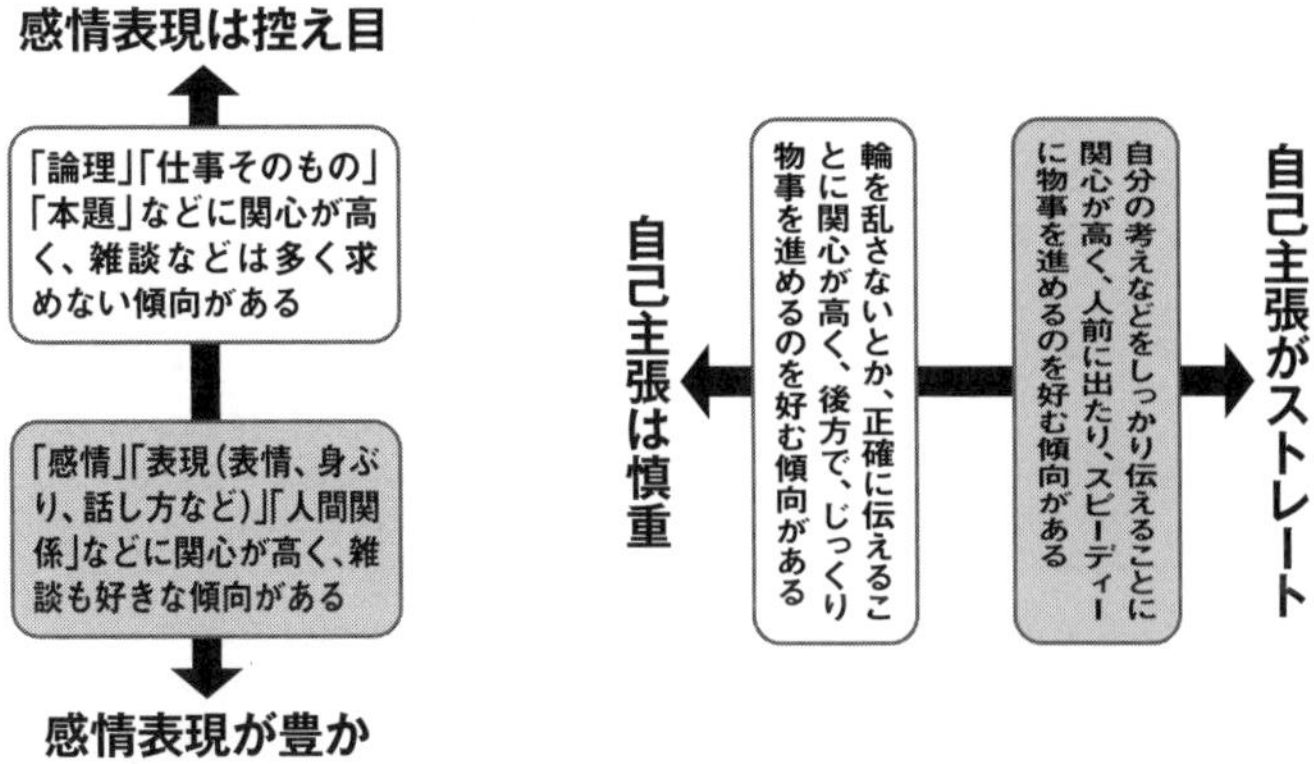
感情表現は控え目
「論理」「仕事そのもの」「本題」などに関心が高く、雑談などは多く求めない傾向がある
「感情」「表現（表情、身ぶり、話し方など）」「人間関係」などに関心が高く、雑談も好きな傾向がある
感情表現が豊か
自己主張がストレート
自分の考えなどをしっかり伝えることに関心が高く、人前に出たり、スピーディーに物事を進めるのを好む傾向がある
輪を乱さないとか、正確に伝えることに関心が高く、後方で、じっくり物事を進めるのを好む傾向がある
自己主張は慎重

感情表現が控え目なタイプか／豊かなタイプか　　自己主張を慎重にしたいタイプか／ストレートにしたいタイプか

「こちらは普通に話しているつもりなのに、〝詰められている〟ように受け取られ、メンバーが萎縮する」とは、どのようなことが起きているのでしょうか。

例えば、「〝詰められている〟ように受け取った」メンバーがエミアブルで、「普通に話しているつもり」の上司がドライビングだったと仮定します。すると、メンバーは調和、協調性を大切にしたいと考え、共感しながら聴いて欲しいのに、上司は人間関係より成果に意識が行きがちで、話すスピードが速く、白黒はっきりさせるような話し方をしたとします（図08-2参照）。すると、上司にとっては普通でも、メンバーは〝詰められた〟と感じ、萎縮するかもしれないのです。

もし、両者がこのソーシャルスタイルを意識できていれば、上司は「メンバーはエミアブルタイプだから、柔和な顔で温かく、共感や感謝を大切

図08-2　4つのソーシャルスタイル

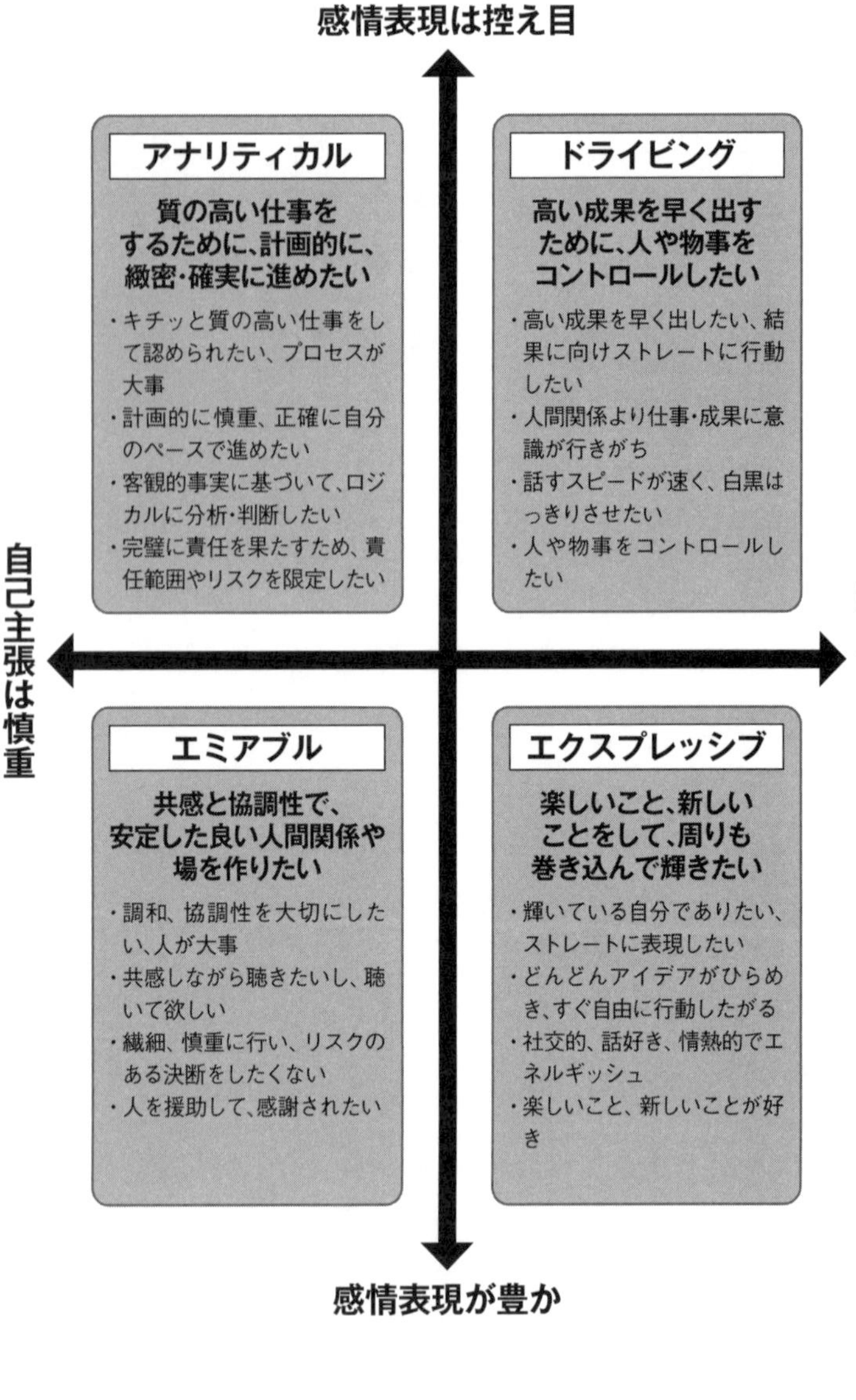
感情表現は控え目
感情表現が豊か
自己主張は慎重
自己主張がストレート
アナリティカル
質の高い仕事をするために、計画的に、緻密・確実に進めたい
・キチッと質の高い仕事をして認められたい、プロセスが大事
・計画的に慎重、正確に自分のペースで進めたい
・客観的事実に基づいて、ロジカルに分析・判断したい
・完璧に責任を果たすため、責任範囲やリスクを限定したい
ドライビング
高い成果を早く出すために、人や物事をコントロールしたい
・高い成果を早く出したい、結果に向けストレートに行動したい
・人間関係より仕事・成果に意識が行きがち
・話すスピードが速く、白黒はっきりさせたい
・人や物事をコントロールしたい
エミアブル
共感と協調性で、安定した良い人間関係や場を作りたい
・調和、協調性を大切にしたい、人が大事
・共感しながら聴きたいし、聴いて欲しい
・繊細、慎重に行い、リスクのある決断をしたくない
・人を援助して、感謝されたい
エクスプレッシブ
楽しいこと、新しいことをして、周りも巻き込んで輝きたい
・輝いている自分でありたい、ストレートに表現したい
・どんどんアイデアがひらめき、すぐ自由に行動したがる
・社交的、話好き、情熱的でエネルギッシュ
・楽しいこと、新しいことが好き

に話してみよう」と意識することができ、他方のメンバーも「上司はドライビングタイプだから、冷静、早口でストレートな物言いをしているけれど、彼にとっては詰めているわけではなく、普通に話しているんだな」と受け止めることができます。

つまりソーシャルスタイルは、相手を「こういうタイプだから」と決めつけるためのものではなく、**お互いの違いを認め、お互いが好ましいと思うコミュニケーションを、思いやりを持って行うことで信頼関係を深めるためのもの**です。アメリカで車を運転するときには道路の右側を走るように、**相手のスタイルをリスペクトして寄り添うのです。**

ちなみにソーシャルスタイルは営業、友人関係、子育てなど人間関係全般に活用できますので、豊かな人生の「お供」として、意識してみてはいかがでしょうか。

## 実践者のメンバーの声

「上司から『自分の時代は』など、自分の尺度を押し付けられなくなってストレスが減った。」

「経験がない自分に意見を求めてくれ、さらに親身に聞いてくれて嬉しかった。」

「自分とは違う価値観を理解してくれようと目線を合わせてくれたので、上司と話しやすくなった。」

「自分たちの認識と上司が感じていることのギャップがわかった。おかげで上司のことが理解できて良かった。」

## 09

## メンバーに愚痴や他責発言が目立ち、こちらが心を開きにくい場合、どうすればよいですか？

勇気と信頼を持ってメンバーの真意に耳を傾け、一旦ニュートラルに受け止めてから、話し合うことをお勧めします。

## 愚痴や他責な発言が多いメンバーには、どう向き合えばいいか

「メンバーの話を聞こうと思うが、あまりに会社や周囲の批判ばかりするのでこちらが疲れてしまう。どうすれば良いか」といったお悩みも少なくありません。こちらも不満などあればぜひ言ってほしいという思いはあるものの、あまりに不満ばかりだと閉口してしまいます。

私たちにできることは、仮に愚痴や他責な発言でもまずは聴き、受け止めることです。前項の【08】同様、受け入れる（同意する）必要はありませんが、「そう感じるんだね」と一旦受け止めます。

時々「感情を殺さなければいけないんですか？」と訊かれることがありますが、**感情を殺すと、むしろ愚痴などが延々とループする可能性があります。**感情を殺すというのは、例えば「周りのことばかり悪く言うが、あなたにも責任の一端はあるのでは？　でもそれを言うと関係が壊れそう。我慢しなければ……」のような状態でしょうか。もし私たちがそのような心理状態でいると、表情や声色などで真意が伝わり、**メンバーは「上司は私の気持ちをまだ分かっていない」と感じ、同じ話を繰り返すのです。**

感情を殺すのではなく、メンバーがそう感じる背景に思いを馳せ、**寄り添いながらもニュートラルに**「自分はそこまでは感じないけど、彼にはそう感じられるんだな。つらく感じさせる

何かがあるんだな」、といったように理解することをお勧めしています。

また、「受け止めすぎると『賛同された』と誤解されて厄介では？」と心配される声も聞きますが、やはりその心配な気持ちが私たちの受け止める姿勢を鈍らせ、メンバーは前述と同様に「私の気持ちをまだ分かってもらってない」と感じるのです。

しっかり受け止め切ると、メンバーも「上司に伝わった」と少し安心し、こちらの話も受け止める準備が整ってきます。そこで、**「あなたはその不本意な状況に、どう向き合いたい？」**「私に協力できることはあるかな？」など訊いていくことができます。上司としてすべきことはする。一方で、メンバー本人はそこにどう向き合いたいか、と問いかける姿勢が大切です。1on1は「メンバーが主役」だからです（第1章【04】参照）。

もちろん、会社の制度など、メンバーがすぐに変えられないことはたくさんあります。しかし、そもそも私たちがコントロールできないことは世の中にたくさんあります。「地球温暖化よ、今すぐ止まれ！」と言っても無理です。「過去に戻ってやり直したい」と思っても無理な相談です。しかし、そこに向き合うことは誰にでも、すぐにできます。「部屋の電気をこまめに消そう」「過去の失敗を学びに変えて、失敗しないより失敗して良かったと思える人生にしよう」など、向き合うことはできるのです。**「あなたは乗り越えられる人だ」という深い信頼、応援とともに、どう向き合いたいか問いかけてみてはいかがでしょうか。**

## できない理由ばかり言うメンバーには、どう向き合えばいいか

　できない理由をたくさん言うメンバーの真意は何でしょうか？　いくつかの可能性がありま
す。
①私たち上司が楽観的に考え過ぎなので、現場はそう簡単ではないのだと「事実」を伝えたい
②面倒な挑戦に思えるので、やりたくないのを正当化したい
③失敗したら評価が下がるのではないか、自分にはできないのではないかという恐れがある
　それぞれ内容が全く異なります。①であれば現場をしっかり見に行き、謙虚にメンバーの話に耳を傾け、解決策を一緒に考えるなどの必要があるでしょう。②であればメンバーが動機づけられることが必要です。これについては次の第3章の内容を実践することが有効です。したがって、ここでは③について考えてみます。

　まずは、遭遇したケースが①、②、③のどれに当てはまるかを見分けるためには、メンバーの様子をしっかり観察することが欠かせません。

「①客観的に話しているのか、②面倒くさそうに話しているのか、③自信なさげに話しているのか。もし③に見えたら、「感じたことを伝えていい？　私には○○さん、何か不安げな表情に見えたよ。実際どうかな？」と確認し、真意を共有します。

もし失敗を恐れているのであれば、「できない理由ばかり言わないで、やってみないと分からないじゃないか」など**正論をぶつけるのは、メンバーの恐れが強まるため逆効果です。**そうではなく、**安心感を感じてもらうことが最も必要です。**

**「私も最初うまくいかなかった口だから、仮に成功しなくても恥ずかしくないし評価も下がらないよ」「もしピンチになったら途中でサポートに入るから安心していいよ」**など、**テクニックではなく、愛情をもって伝える**と、メンバーも「……じゃあ、怖いけどやってみようかな」と一歩踏み出すこともできるのではないでしょうか。

## 実践者の声

「自分の苦手意識や接し方が変わったら、メンバーの反応も変わった。自分が起点だと気づいた。」

「気が合うメンバーとであれば意識せずすんなり信頼関係を築いていけるが、ウマが合わない苦手なメンバーとの関係性を築くことこそ役職者としての度量が求められるところだと思った。月並みな言葉だが、いろんなメンバーとうまくやっていける人間力を培っていきたい。」

## 10

メンバーがなかなか本音を話してくれません。どうすればよいでしょうか？

早く本音を話してもらおうとする前に、まずはメンバーに「自分は大切にされている」と実感してもらえることがスタートです。

## 心を閉ざしているのか、メンバーがほとんど何も話してくれない

「1on1ミーティングのオリエンテーションで『何を話しても大丈夫だよ』と伝えても、頑なに構えてほとんど話してくれない」というお悩みは、よく聞きます。なぜそうなってしまうのでしょうか。

メンバーに「こんなことを言ったら不利になるのでは」「怒られないか」という恐れや、「どうせ何を言っても否定されるから言うだけ無駄」というあきらめなどがあると、「余計なことは言わないようにしよう」という結論に至ります。

また、上司側との関係より前に、メンバー側に、これまで職場で良い人間関係を構築できた経験がないとか、前職で精神的苦痛を味わってその記憶がまだ生々しく残っているなどの理由があった場合も、やはり頑なになりがちです。いずれにせよ、**メンバーが何かの原因で不安感や不信感を持っている場合**、つまり**心理的安全性を十分感じられていない場合、メンバーは自己防衛のために、本音を話すことを避けてしまいます。**

したがってまずは、「何を言っても安全だ」「決して理不尽に怒られたりしない」「今度の職場は本当に安全なのだ」という安心感、信頼感を丁寧に醸成していくよりほかありません。

ところで、そのために効果が実証されたコミュニケーションスキルを使うとしても、**「誰がそれを使っているか」**が大事ではないでしょうか。例えば、このような人が上司だったらいかが

ですか？　自分の保身ばかりの人、目の前の業績だけで判断する人、自分に甘く他人に厳しい人、卑屈でネガティブな人……。このように見える人には何を言われても心は開きにくいはずです。

逆に、こちらの心情や本音に寄り添おうとしてくれる人、小さな成長や将来の成長を見てくれる人、謙虚で成長意欲がある人、小さな約束も必ず守ってくれる人。このような人が上司ならいかがでしょうか。多少スマートでないコミュニケーションであっても、心の氷は徐々に溶けていきます。

つまりそのような**あり方を大切にした上で**、柔和な表情や声で接する、**上司から失敗談を自己開示する**（先に弱みを見せる）、メンバーとの接触頻度を無理なく増やす（あるいは懇親の場を設ける）、フランクで他愛のない話から始めるなどすると効果的です。

また、メンバーの変化に気づいて認める、価値観の違いを受け止める、理解やコミュニケーションの些細な行き違いに気づいたら早めに誤解を取り除く、そして、上司が聞きたいことよりも**メンバーが本当に話したいことを気持ちよく話してもらえるよう、親友の感情に寄り添うように深く傾聴する**……。

このように**「自分は大切にされている」とメンバーが実感できる接し方で日々を積み重ねていくと、メンバーは徐々に信頼や安心感を覚え、少しずつ本音を話してくれるようになるのではないでしょうか。**

## 実践者の声

「１ｏｎ１をやっているメンバーの１人が、どういうわけかなかなか心を開いてくれない感じでした。でも講座で習ったように、第１フェーズなのだと考えて自己開示したり、些細な話を聴いたりしていったところ、６か月目にようやく本音を話してくれるようになりました。そこで勇気を出して訊いてみました。『最初の頃ってあんまり本音を話したくなさそうに見えたな。よかったら理由を教えてもらえない？』。すると衝撃の答えが返ってきました。実は高校時代、部活の顧問がものすごく威圧的な人でそれがトラウマになり、それ以来、目上の人に心を開けなくなったとのこと。全然私のせいじゃなかったんです。１ｏｎ１を続けて良かったです。」

「これまではメンバーの意見が正しいかどうかが気になっていたが、メンバー自身に関心を持つようにして、なぜそんなことを言っているのか、どんな背景、体験からそういう考え方や言動が出てくるのだろうと想像しながら聴くことを心がけた。するとお互いに理解が深まって、これまでになく双方で納得できた。」

「息子に対して怒りがちなときも、相手の気持ちを聴きながらコミュニケーションするチャレンジができた。聴いてみたら、意外とそんなに怒る話ではなかった。」

## メンバーが優等生的な発言ばかり繰り返すので、本音がよく分からない

「メンバーは話してくれるのでありがたいが、内容が〝優等生的〟で、本音ではなさそうな感じがする」「メンバーが『正解が分からない』といった様子でよく困惑している」といった声もよく聞きます。なぜそんなことが起きるのでしょうか。以下に、2つの可能性をご紹介します。

**①1on1ミーティングの目的を「上司に質問されたら、期待されている〝正解〟を言うべき場だ」と誤解している**

**②メンバーが自己承認できず、「本当の自分は大したことがない。ありのままの自分ではなく、上司が期待する〝正解〟を言える優等生でないと、自分は認めてもらえない」と潜在的に思っている**

**まず①②の両方で気をつけなければならないのは、私たち自身がメンバーに対し、そう思わせる言動をとっていないかということ**です。メンバーの答えに対し、受け止めることなく「それは違うんじゃない？」などの返答（ジャッジ）を繰り返していると、メンバーは①または②のような考えに至る可能性があります。

もし、無意識にメンバーに対してそのような言動を取っていた場合は、今後、メンバーに瞬

間的に異論を唱えたくなっても、「いや、自分の気づいていない、メンバーにとって重要な背景があるのかもしれない」と思いを馳せ、「そう思うんだね」とニュートラルに受け止める。そして「どうしてそう思うの？」と対話していきましょう。

その上で、**「〇〇さん、感じたことを伝えてもいい？　私には、何だか私に〝正解〟を言う場だと頑張ってくれているように見えるよ。実際、どうかな？」**と確認してはいかがでしょうか。それでもやはり誤解があったならば、「では、もう一度1on1ミーティングの目的について確認しようか？」など、再度オリエンテーションを行うことをお勧めします（第1章【04】参照）。

もしメンバーが①の「上司に質問されたら、期待されている〝正解〟を言うべき場だ」と誤解している状態であれば、ここまでのプロセスで、徐々に本音を話すように変わってくると思います。

一方、メンバーが②の**「ありのままの自分ではなく、上司が期待する〝正解〟を言える優等生でないと、自分は認めてもらえない」と潜在的に思っている場合**は、簡単ではありませんが、根本的には自己承認の度合いを少しずつ高めてもらうことが解決策となります。とても真面目でストイックな人に多い印象です。私も若い頃はそういうタイプでした。

## 「ありのままの自分で良い」と思うのは過信であり、謙虚さがない？

「ありのまま、本当の私で良いのだ」と思えない、つまり自己承認の度合いが低い理由には、人と比べていたり、「ありのままの自分でいいなどと思うのは過信で謙虚さがない、成長が止まってしまう」と思い込んでいるケースが多いようです。もちろんどんな分野でも上には上がいますし、「自分はこの程度で良い」と思ったら成長が止まりそうではあります。

しかし、自分の愛する子どもだったり、大切な親友に対して、「よその子の方がいいな」「別の友人の方が上だな」などと思うでしょうか。客観的には成績が上だ、ファッションセンスは下だとかはあるにしても、それが愛情の深さに影響することはありません。親バカと言われようと、うちの子が一番可愛いのです。

つまり、**「うちの子はうちの子で良い」し、そう思うと成長が止まるというのもおかしな話です。**「あなたはあなたのままでいいから、あなたらしさを伸ばしてどんどん成長してね！」と思えばよいのです。それを自分に向けるだけなのですが、**自分のこととなるとつい「自分は他と比べて大したことない。上司が期待する優等生でないとダメだ」となって、自分らしくない何者かになろうとする**のです。

他の人から見ると、「この人、いつも何か正しそうなことを言うけど、本音は何なの？　あなたは誰?」と思われ、すごく頑張っているのに本心が見えないから周りも心を開きにくい、そんな周囲の反応に余計に自信を失う(自己承認の度合いが下がる)。こんな自分じゃダメだとなってより優等生であろうとする、といったつらいサイクルになるかもしれません。

こんな状況のメンバーに対し、上司には何ができるでしょうか。もちろん、「あなたはあなたのままでいいんだよ」と伝えたいのですが、「自分は大したことない、優等生にならないと!」と思い込んでいるメンバーにはそれがなかなか伝わりません。説得力がないのです。では誰の、どんな言葉なら届くでしょうか。

**「私も欠点や弱点もあるけれども、それも一つの味だと思ってる。でも、今日よりも明日、明日よりも明後日と、一歩でも成長する自分でありたい」と心から信じて生きている人に、「だからあなたもあなたのままでいいじゃないか。自分らしく成長していこうよ!」と言われたらいかがでしょうか?**「もしかして、その通りなのかな?」と少しずつでも思え、自己承認を一つずつ取り戻していくだろうと思います。

メンバーに変わってもらおう、早く本音を話してもらおうとする前に、まずは自分。「私は私で良い」と思うことから始めませんか?

# 11

## メンバーとの関係がすでに壊れている場合でも1on1ミーティングをやらなければならないのですか？

1on1ミーティングをやる場合もやらない場合も、主体的に選択されることをお勧めします。

## 関係が壊れている中、1on1ミーティングをやるとしたら、どんなことが起きるか

「すでにメンバーとの関係性は壊れている。お互いによく思っていない。とても1on1ミーティングができるとは思えないし、やりたくもない。それでもやらなければならないのですか？」

時にこのような相談もあります。私もそのような状況にあったら、同じように思うかもしれません。

会社によるとは思いますが、基本的には「1on1ミーティングをやらなければならない」ということはないと思いますし、あまりに相性が悪いのであれば、どちらかにメンタル不調など起きないようマッチングを変えることも、必要な場合があると思います。

ここでは、**もし関係性が悪い状況で実施する場合、どんなプロセスで何が起きるか**について、少し考えてみたいと思います。〝正解〟などないと思いますが、もし私がチャレンジするならどうするかを述べてみます。

まず、自分の本心をよく見つめます。メンバーととてもつらい関係性になったが、この1on1という機会を使っていま一度そこに向き合いたいか。それともこれまで通り最低限の

仕事のコミュニケーションにとどめ、静かにどちらかが異動するのを待つか。**どちらにせよ主体的に選択**し、覚悟を決めます。

もし再び向き合うと決めた場合は、メンバーに１ｏｎ１の場でこのようなことを伝えます。

「正直、○○さん（メンバー）とはあまり良い関係性を築けていないと思う。○○さんも同じ思いでしょう。周りにも気を使わせているから悪いと思うし、自分自身も残念な気持ちです。こうなったのは、お互いに原因があると思うから、私も申し訳なかったです。自分としては、少しずつでも関係改善したいと思っています。自分にできることはやっていきたいのだけど、あなたはどう思う？」

**上司とメンバーというより、人間対人間として正直、誠実に向き合いたいと思います。**思うような結果にはならないかもしれませんし、結果が出る前に異動があるかもしれません。そこまで覚悟して向き合います。大きなストレスがかかり、結果が出る保証もないのになぜ向き合うのか。私の場合、メンバーのためでもありますが、**自分自身のためでもあります。**

**「この大変な状況に、どう向き合える自分でありたいだろう？」**という自分への挑戦は、成功すればもちろん素晴らしいことですが、結果につながらなくても得られるものはたくさんあるからです。

極めて難しい状況に勇気を出して飛び込んだこと、恥を忍んで自ら詫びたこと、自分の責任から逃げなかったこと、結果につながらない虚しさを受け止めたことなど、全てが自分の血肉になります。この経験によって、今後は苦手な人ともうまく信頼関係を構築できるようになったり、心が打たれ強くなったり、困難な状況にチャレンジしている人の気持ちに共感・応援できるようになったりします。また、度量が大きくなったり、魂が磨かれたり、すなわち人としての魅力も上がるかもしれません。

つまり、**本気で挑戦すれば、「成功」は保証されませんが、「成長」は保証されているのです。**そして、人生の幸福度はコミュニケーションの質に大きく左右される中、**今回得られる成長の果実は一生もの**といえます。

もちろん、私たちやメンバーの状況には様々なものがありますので無理は禁物です。一概にいつも真正面から向き合うことばかり推奨するものではありません。ただ**どちらを選ぶにせよ、できれば妥協ではなく、自分の本心をよく見つめた上での主体的な選択であったらいい**なと思います。**割り切って決めたことと「正対」して決めたことは、表面的な選択は同じでも、その価値や人生への影響は大きく違ってくるからです。**

## 第2フェーズの関わりへ進んでよいかどうかは、どのように判断すればよいか？

第1フェーズのメンバーに寄り添い続けた結果、上司たちはメンバーに以下のような変化を感じました。これらの変化がいくつか見られれば、第2フェーズに移行しつつあると考えて良いのではないでしょうか。

✓メンバーがリラックスしているように感じられ、笑顔が増えた
✓メンバーからの愚痴が減り、元気に、前向きになってきた
✓メンバーから気軽に話しかけてくれる回数や、双方向の会話量が増えた
✓メンバーが、建前や優等生的発言ばかりでなく、本音で話してくれるようになってきた
✓メンバーからの提案が増え、困った時には相談してくれるようになった
✓メンバーが自分のことだけでなく、上司やチームのことも気にかけるようになってきた
✓チーム内の共有や話し合いが増え、自然にお互い助け合うようになってきた　など

先の方に書いたものが比較的早めに見られる変化、後の方になるほど第1フェーズの卒業が近づいたときに見られる変化というイメージです。皆さんのメンバーの様子はいかがですか？

## １ｏｎ１ミーティングの難しさと意義とは

１ｏｎ１ミーティングが難しい要因の一つは、「評価者」と「被評価者」の関係でありながら、心理的安全性を醸成するところです。この関係で、信頼と安心を築き、本音で話し合えるようになるのは、簡単ではありません。しかしその昔、学校の先生や部活の顧問にプライベートや家庭のことを相談したことがあったならば、それは**決して不可能ではない**ことがわかるでしょう。学校の先生も部活の顧問も「評価者」だからです。

**メンバーの業績が上司の評価に直結するにもかかわらず、上司が、自身のことよりメンバーの立場に寄り添い応援する**。だからこそ、そんな上司の姿にメンバーは感動し、心を開いてみようかな、恩返ししたいなと思うのではないでしょうか。そして、この関係で心理的安全性を作ることができれば、利害関係のない人との信頼関係構築は比にならないほど簡単に感じるかもしれません。

上司とメンバーが何も言わなくとも深いところで信じ合え、お互いに指示をする人と受ける人というより「**仲間**」、さらには社会に貢献していく「**同志**」と感じられれば、最強のチームになれて、素晴らしい成長や幸せが待っているのではないかと思います。

１ｏｎ１ミーティングにチャレンジすることは、本当に意義深いこと、魅力溢れることだと思いませんか？

# 第3章

# メンバーが内発的に動機づけられるために～第2フェーズ

## 12

「褒めて伸ばす」というが、下手に褒めると達成基準が下がってしまい、良くないのではないでしょうか？

褒めたくないのに褒めても、良い結果にはつながりません。無理に褒めるより、「認める」、「勇気づける」ことをお勧めします。

## 第2フェーズの大切さ

メンバーが上司に信頼と心理的安全性を感じ、安心して本音が話せるようになると、メンバーの状態は第1から第2フェーズへと変わってきます。第2フェーズは「自分らしく頑張りたい」と、内発的に動機づけられる」段階です。

「自分にとってはこれが大切だった」「自分らしく頑張るとはこういうことだ」などに気づくことができると、仕事や人生にオーナーシップ（主体性）を持つことができるようになります。そのように、いわばエンジンが回るようになると、第3フェーズ「ありたい姿に気づき、継続的にチャレンジ・成長できる」段階にスムーズに移行できます。また、第3フェーズで頑張っていても、時にモチベーションが下がり、「そもそも何のためにこの仕事を頑張っていたのだろう？」と疑問を感じる状態になってしまった場合は、またこの第2フェーズに戻ってくることになります。つまり、メンバーが生き生き主体的でいるために欠かせないのが、この第2フェーズとなります。

ところが、「メンバーを動機づけるためには、褒めて伸ばすのでしょう？　でも、下手に褒めると達成基準が下がって良くないのでは？」という声をよく聞きます。

## 「褒める」ことの本質とは？

もし全力でやった仕事に対し、上司から「よくできたじゃないか」「君も成長したね」などと言われたら、どんな気分になるでしょうか。人それぞれだとは思いますが、微妙な「上から目線」に違和感を覚える人も少なくないのではないでしょうか。なぜなら、褒めることには、少なからず上から下に評価を下す側面が含まれているからです。

もし「褒めて伸ばす」ということに、「褒めたらやるだろう」「やらせるために、必要なら褒めるか」という発想を込めているのであれば、それは上司がメンバーを「コントロールしよう」とする思いではないでしょうか。ムチはもちろんですが、アメからも同様にメンバーへのリスペクトは感じられません（したがってアドラー心理学では「褒めてはいけない」と言っています）。

さらには、**本心は褒めたくないのに形だけ褒めると、メンバーは敏感にその雰囲気を感じます**。達成の基準が下がることもあるかもしれませんが、それにとどまらず**嫌悪感を覚え、むしろモチベーションがダウンする人もいるのではないでしょうか**。

信頼関係の構築にはメンバーへのリスペクトが不可欠だったように、メンバーが動機づけられる際にもリスペクトが必要です。**縦（上下）の関係ではなく「横」の関係であることが欠かせないのです。**

## 「横」の関係でメンバーを応援するには

ではメンバーに元気になってほしいとき、横からどのように関わればいいのでしょうか。ここでは3つご紹介します。

①褒めるのではなく「認める」
②賞賛したいときは心から賞賛する
③勇気づけをする

です。

**①褒めるのではなく「認める」**

例えば、メンバーがやってくれた仕事が理想の80%の出来だった場合に褒めると、「よく80%もできたね」「80%！　すごいじゃないか」のような伝え方になります。確かに「80%でいいんだ」と達成基準を下げる人もいるかもしれませんし、「褒めたら仕事をすると思っているの？馬鹿にしないで……」と冷める人もいそうです。

一方、**「認める」の場合は「80%できたね」「80%だったね」のように伝えます。こちらは肯定面を事実としてニュートラルに伝えています。評価を下していません。**

ところで、私たちは本能的に、欠けたところに目が行きがちといわれています。これを「ゲ

## 図12-1　どこに目が行きますか?（ゲシュタルトの欠けた円）

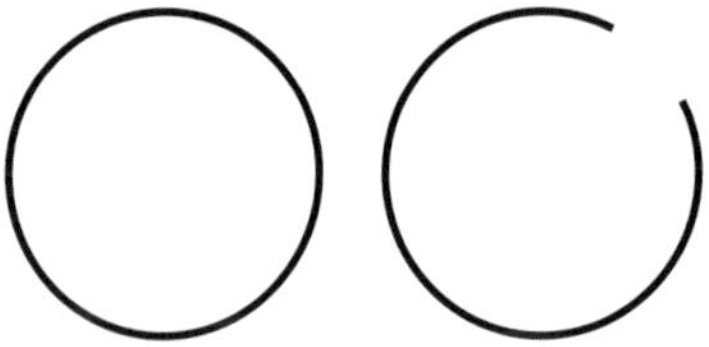

シュタルトの欠けた円」といいます（図12-1）。

欠けたところに目が行ってしまうため、仕事への評価でも私たちは通常、良かれと思って「20％未達だね」「なぜ20％足りなかったの？」などと言いがちです。しかし「また足りなかったね」と言われ続けると、人はやる気や自信を失うのでむしろ「褒めましょう」ということになるのですが、それも前述の通り相手をコントロールしようとする発想で行うと、良い結果にはつながりません。

一方、「認める」はニュートラル、横の関係ですので、**「今回、80％だったね。何が80％できた要因だろう？」「あと20％は、何を変えればできそうかな？」**といったやり取りになります。褒めたくないのに形だけ褒めるのとは異なり、**上司も本心を伝えています。**したがって、メンバーも違和感を覚えることなく素直に改善策を考えたくなりますし、マイナスの20％ばかりに気を取られることなく、80％の「できたこと」にもフォーカスが当たりますので、**次へのモチベーションや自信につながりやすくなります**（図12-2）。

## 図12-2 「ほめる」と「認める」のちがい

**ほめる**　「80％もよくできたね！すごいじゃないか」 ➡ **達成基準が下がる 冷める人も…**

**認める**　「80％できたね。あと20％は何を変えればできそうかな？」 ➡ **一定の自信、建設的思考、意欲へ**

「できているところが少なすぎるのに、できたところにフォーカスすると、やっぱり馬鹿にしていると受け取られないか？」という質問をいただくこともあります。もっともな質問だと思います。しかし「できたこと」とは成果物だけでなく、誰よりも熱心に参加した、こちらのアドバイスを真摯に聞き入れた、お客様への責任感は非常に強かったなど、**プロセスの中にもあるはずです。**つまりメンバーを認めるには、普段からよく観察していることも欠かせません。

### ②賞賛したいときは心から賞賛する

先ほど、「褒めるのは上から下に評価を下す側面が含まれる」と書きましたが、それは相手をコントロールするために〝作戦として〟褒めることについて述べたものです。

メンバーが目標比120％の成績を達成してくれた、お客様から涙が出るような感謝のお手紙をいただいたなど、心からの賞賛を贈りたい場合でも褒めてはいけないといわれると、ずいぶんと不自由です。**本心から賞賛したいときは「すごいね！　ありがとう、感動したよ！」とぜひ本気で伝えたい**ですし、メンバーにも深く伝わり、次へのモチベーションにつながることでしょう。

**③勇気づけをする**

アドラー心理学では褒めてはいけないという一方、「勇気づける」ことをとても推奨しています。勇気づけは横からの関わりです。**「○○さんの強みは△△なところだと思うよ。そこは私も敵いません」と本気で伝える。あるいはメンバーの成長を信じ「○○さんならできると思う。応援しているよ！」と背中を温かく、力強く押す。**ぜひ、メンバーを心から勇気づけましょう！

前述①～③の全てに共通することは、**メンバーをコントロールする発想はなく、リスペクトし、本心をそのまま伝え、応援していることです。**

## 実践者の声

「若手メンバーに、できていないことではなく、できていることについて事実を伝えるようにしたら、メンバーは生き生きし、仕事の進み方や習得が早くなった。」

「これまでは、メンバーが資料を出してくれたら『ここここができてないじゃないか』と言っていたが、『まず〇〇さん（メンバー）の考えを聞かせて』と伝え、未熟でも新時代のアイデアとして、決して否定せずに聴き、採用できる部分は採用した。すると、前向きに提案してくれる回数が増えたし、提案の質も上がってきた。」

## 13

### モチベーションが低く、淡白に見えるメンバーにはどう接すればよいでしょうか？

「大切にしたい価値観」が明らかになるサポートをすることで、メンバーは生き生き働くことができます。

# 内発的動機づけがカギ

「頑張れば昇格のチャンスだってあるのに、なぜやらないの？」→「別に、昇格にはそんなに興味がないので……」

「お客様に食べさせてもらっているんだから、もっと本気で尽くすべきじゃないの？」→「……すみません」

「自分が『やる』って言った目標じゃない。なぜ続かないの？」→「……はい」

「手を替え品を替え、いろいろやってみるものの、のれんに腕押し状態です。仕事へのモチベーションが上がらない淡白なメンバーには、どう接すればいいんでしょうか」

同様のお悩みは、多くの上司が抱えているのではないでしょうか。

人が動機づけられるアプローチには「外発的動機づけ」と「内発的動機づけ」があります。外発的動機づけとは報酬や賞罰、昇降格など外部からの働きかけで生まれる動機づけです。一方の内発的動機づけとは報酬目当てでなく、その行為自体に喜びが生まれるような、人の内側から湧き上がる要因で生まれる動機づけです。どちらが良いということはなく、各々一長一短です。

外発的動機づけは、「報酬（罰）を与える」などシンプルなため誰にでも実践しやすく、効果がすぐに表れやすいというメリットがある反面、仕事の価値を高めることには興味が湧きにくい、慣れや耐性がつき自律的なモチベーションの持続期間が短いなどのデメリットがあります。

一方、内発的動機づけは、楽しさや好奇心、探究心など自身の内側にあるものが元になっているため、損得に関わらずモチベーションが続き燃え尽きない。また、やり甲斐や成長につながるというメリットがある反面、どんなことに楽しさや興味を持つかは人によって価値観が異なるため、個別の対応が必要になったり、短期的には効果が出にくいなどのデメリットがあります。

時にカンフル剤として外発的動機づけも効果的ですが、モチベーションの持続期間が短いことを考えると、本項のお悩みの本質的な解決にはなりません。**個別対応や中長期の取り組みが必要ではあるものの、自律的なモチベーションが持続する内発的動機づけがカギ**となります。そして**個別対応と中長期の取り組みに、1on1ミーティングはもってこいのツール**なのです。

## メンバー固有の価値観（自分らしさ）は、どうすれば明らかになるか

メンバーが、「自分にとってはこれが大切にしたい価値観だ」「自分らしく頑張るとは、こういうことだ」などと気づくためには、私たちはどんなサポートをすれば良いでしょうか。……そ

の前に、私たち自身の価値観や自分らしさについて考えてみましょう。明確に自覚している方もいらっしゃると思いますが、漠然としていてよく分からない方も多いと思います。そして分からない時、頭でいくら考えても堂々巡りになるということはないでしょうか。

例えば、メンバーがミスしたことについて、上司がお客様に「私の責任です。本当に申し訳ありません」と心からお詫びしているシーンを外から見かけたとき、**深く感動する**人がいます。一方で**「上司が部下の失敗について謝るのは当たり前でしょ」と思う**人もいます。また、前期の実績に比べかなりチャレンジングな目標を上司に与えられると、**モチベーションが上がる**人がいれば、**大変なストレスを感じる**人もいます。なぜこのような違いが生まれるのでしょうか。それは、価値観の違いが原因です。

上司のお詫びする姿に感動した人は、「あの様子は心から詫びている。やっぱりリーダーは責任感と深い愛情がなんといっても大事だ」という価値観を持っているでしょうし、チャレンジングな目標に燃えるような人は「人生は挑戦だ！」という価値観を持っているのかもしれません。

つまり、**価値観は頭で考えて分かるというより、感情が大きく動いた時に自ずと見えてくるものです。考えるより感じることが大切なのです。**

私は、前人未到の記録を数々樹立し、野球殿堂入りが確実視されるレジェンド、イチローさんの引退会見でのある言葉に、非常に感銘を受けたことがあります。インタビュアーのこのような質問に対する答えでした。

「現役を通じて、このシーンが一番印象に残っているというものは？」

「今日のあの舞台（試合後に行われた感動的な引退セレモニー）に立てたことというのは、去年の5月以降、ゲームに出られない状況（※）になって、その後もチームと一緒に練習を続けてきたわけですけど、それを最後まで成し遂げられなければ、今日のこの日はなかったと思うんですよね。今まで残してきた記録はいずれ誰かが抜いていくと思うんですけれども、去年の5月からシーズン最後の日まで、あの日々はひょっとしたら誰にもできないことかもしれないというようなささやかな誇りを生んだ日々であったんですね。だからそのことが、どの記録よりも自分の中ではほんの少しだけ誇りを持てたことかなというふうに思います。」

私は勝手に以下のように感じました。

「プロとして試合に出られないことが決まっているのに、練習にだけは帯同するなんてすごいな……」。

レジェンドにとって試合に出られないということは、屈辱や悔しさでいっぱいだったのではないだろうか。誰も見ていないところでただ味わう苦しみを、歯を食いしばって乗り越えたイチローさん。……すると、そこには一生忘れ得ぬほどの祝福がありました。記録はいずれ抜かれても、あの魂の日々だけは決して誰にも真似できない。それが、本当にイチローさんとしては誇らしいのではないだろうか。

人が見ていないところでどれだけ手を抜かないか、恥をかいても逃げないかが大切ではないのだろうか。私もそんな人間でありたいと思える自分の価値観に気づけたので、つらくて逃げ出したくなった時、イチローさんの言葉を思い出すと頑張れるのです。

## 感情が大きく動いたエピソードをきっかけとして、自身の価値観が見えてくる質問

以下の質問を使って自問自答してみてください。ご自身の、どんな価値観が見えてくるでしょうか。

- 人生でとても嬉しかったのはいつ、何をしていたときですか？　なぜそんなに嬉しかったのですか？
- あなたが苦手な人はどんな人ですか？　どうして苦手なのですか？

※　2018年5月3日、イチロー選手はマリナーズでスペシャルアシスタントアドバイザーに就任し、同時に「練習はするが同年の残り試合には出場しない。2019年シーズンの復帰を目指す」と伝えられた。

・あなたが心通じ合えると感じる人は誰ですか？　その人とどんなところが合いますか？
・そもそもどんな想いで今の仕事に就きましたか？　当初、どんな夢を持っていましたか？
・仕事をしていて、どんな瞬間が好きですか？　なぜ好きなのですか？
・心に強く残っている映画は何ですか？　それの何が、どう良かったのですか？
・「いつか実現したい！」と思うのはどんなことですか？　なぜそう思うのですか？
などです。

ところで、カリスマ経営者として知られる京セラ創業者の稲盛和夫さんは非常に熱心な仕事ぶりでも有名な方でしたが、新卒で入った会社では最初、モチベーションは低かったそうです。最初は「有機化学」の仕事がやりたかったのに、就職難で「無機化学（セラミック）」の会社に入られたからです。しかし「一度本気でやってみて、それでもつまらなかったらやめよう」と思って本気でやってみたらセラミックの仕事が楽しくなり、ついには京セラを立ち上げ、世界的大企業にまで育て上げました。つまり、初めから自分にとって何が楽しいかに気づいていたのではなく、本気でやってみたら楽しいと気づいたのです。**頭でっかちに考えても答えは出ません が、一度集中してやってみて体に聞く、**ということも内在していた価値観に気づく大切なアプローチではないでしょうか。

さて、どんな価値観や自分らしさのヒントが見つかったでしょうか。そして、メンバーにはどのようにサポートをしてみたいでしょうか。

次の中で気になる言葉、大切に感じる言葉、あなたの価値観に通じそうな言葉はどんなものがありますか？

愛　安全　癒し　思いやり　家族　感謝　完璧　希望　協力　金銭　勤勉　気高さ
決断　謙虚　貢献　向上　行動　公平　最善　幸せ　自由　充実感　正直　承認
真剣　親切　信用　真理　信頼　正義　清潔　成功　誠実　成長　責任　尊敬　卓越
達成　独立　努力　忍耐　熱意　誇り　名誉　優しさ　勇気　豊かさ　夢　礼儀　冷静

## 「人」が先で、「成果」はついてくるもの

「昇格には興味がない、自分がやると言った目標なのにやらないなんて……。なぜ、もっと成長や貢献への意欲を持てないんだ」とメンバーに対してイライラしたりガッカリしたりしても、それは動機づけにはつながりません。前述したように人間は感情の生き物であり、一人ひとり価値観や頑張る理由が異なるからです（図13-2）。

## 図13-1　メンバーが動機づけられていない（Before）

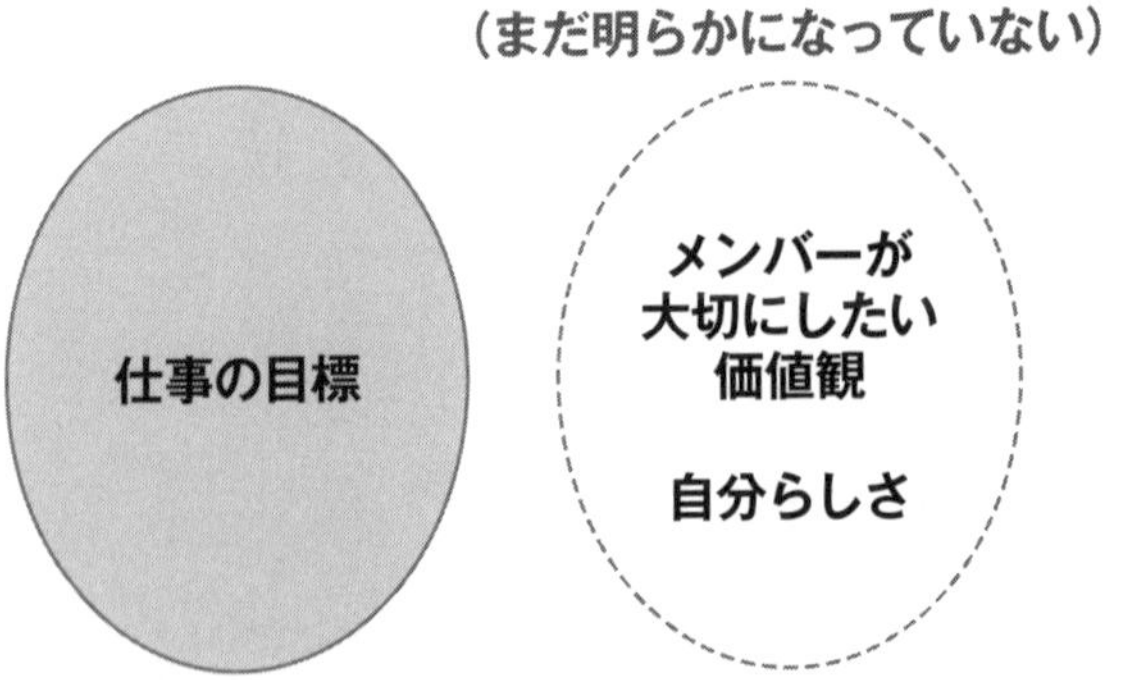


## 図13-2　価値観に気づき、メンバーが動機づけられている（After）

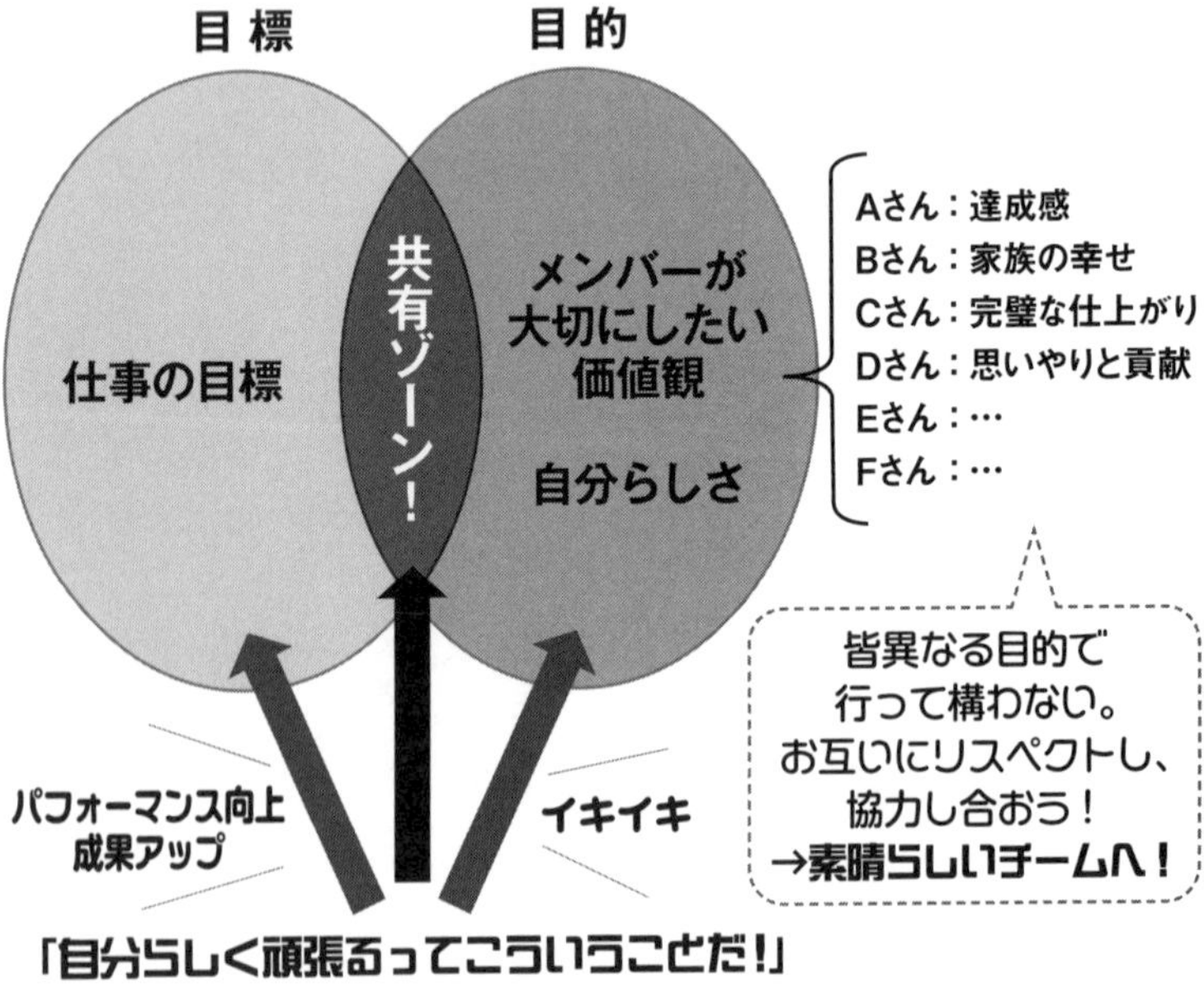

同じ仕事の目標でも、ある人は達成感を得るために、ある人は家族の幸せのために、またある人はお客様へ貢献するために、自分らしく頑張ることができます。つまり**同じ目標でも、一人ひとり異なる目的（価値観）で行って構わないのです**（図13-2）。どの目的も素晴らしいものであり、もちろん上司とメンバーの目的が異なっていてもかまいません。成長とともに価値観が変わっていく可能性もあります。

「自分らしく頑張るとは、こういうことだ」ということに気づければ、人は楽しく生き生き働くことができ、やり甲斐が出てきます。自然にパフォーマンスも成果も上がっていきます。**人が先で、成果はついてくるもの**なのです（図13-2）。魅力の異なるメンバー同士がリスペクトし協力し合えれば、素晴らしいチームになることでしょう！

## 実践者の声

「中途入社のメンバーと1on1ミーティングをし、大事にしていることや価値観について対話をした。すると、前職で成功した経験もあるし、いろいろな気持ちを持っていることがわかった。彼の考え方や行動の背景が分かり、上司としてより応援していきたいと思えた。」

# 14

「もう定年も近いので、大過なく過ごせればいい」というベテランに対して、どう接すればよいでしょうか。

仕事や成果だけではなく、人生全体に寄り添い、リスペクトして応援することをお勧めします。

## 定年の、その先は？

「もう定年も近いので」という言葉は「もうすぐで終わる」というニュアンスを含んでいます。実際、定年まであと数年だとしても、人生はその後もまだまだ続きます。長い方ですと30年、赤ん坊が一人前の社会人になるほどの年月です。その**セカンドライフをどう自分らしく生きるのか、何を大切にできれば幸せか。その答えに辿り着けるか否かは、人生最大のテーマの一つ**ではないでしょうか。

いつか皆さんがセカンドライフに入った時、もし何の制約もなかったらどんな毎日を送りたいでしょうか。

「本当にやりたい仕事を、一緒にやりたい人と、自分のペースでやっていきたい」

「後進のため、良いものを残したい、伝えたい」

「憧れだった田舎暮らしをして、のんびり本を読んだり釣りをしたりの毎日を送りたい」

私は、80歳までエグゼクティブコーチをやりながら、自宅に防音の部屋を作って小中学校でやっていたエレクトーンをもう一度やってみたいです。本当に楽しみです！

# 定年まで大過なく過ごしたら、夢のセカンドライフは本当に手に入るのか

私は10数年前、会社員を辞めて独立しましたが、独立直後に痛感したことがあります。「あ、もう毎月給料は入ってこないんだ……」ということです。当たり前です。もちろん分かっていましたが、頭で分かることと、実際、通帳に入金されないのとでは天と地ほど違います。言いようのない不安に襲われました。出張費もコピー用紙代も社会保険料も全部自腹です。いかに会社員時代恵まれていたか。辞めて初めて「痛感」しました。

そんな経験をした私から言わせていただきますと、**定年までの期間は「大過なくやり過ごす時間」などでは決してなく、「限りある贅沢な時間」です。**せっかく自分らしく幸せに生きることができるはずのセカンドライフが、数年間なんとなく過ごして、本当に手に入るのでしょうか。またそもそも、変化の激しい時代に「大過なく」など本当にあり得るのでしょうか。

今から定年後の生活を具体的にイメージしたり、そのために必要な準備（お金、人脈、実績、スキルや資格など）を冷静にできた人が、素晴らしいセカンドライフを送ることができるのだと思います。しかし、実際は毎日の仕事が目の前にあります。もし日常の仕事とは切り離された1on1ミーティングの時間に、そんなことを考えられたらいかがでしょうか？　しかも、一人で考えてもなかなか浮かばないアイデアも、誰かが聴いてくれ、話し相手になってくれた

ら浮かびやすいものです。

年下であっても、**上司が真摯に愛情とリスペクトを持って全面的に応援してくれたら、「仕事をやらされる人とやらせる人」の関係ではなく、「主人公とサポーター」の関係になれます。**結果的に、定年までの日々の仕事にも個人的な目的が生まれ、傍から見れば「○○さんはすごく生き生き働いている。なくてはならない存在だ」「自分もあんなベテランになりたい！」など素晴らしいチーム作りにもつながっていくのではないでしょうか。

## 実践者の声

「過去の経験にリスペクトを持って接したら、ベテランならではの知見、智慧、他部署への提案などを伝えてくれるようになった。とてもありがたい。」

「ベテランメンバーに、ＩＴ活用の面で苦労があると分かったので、皆でサポートするようにしたら、明るくなった。」

「豊富な経験やノウハウをお持ちなので、時々、社内勉強会で講師をやってもらっている。経験談や苦労話など、本当にいい学びになっている。」

第4章

# メンバーが「ありたい姿」に気づくために ～第3フェーズ

## 15

メンバーに「どうすればいいと思う？」と訊いてもアイデアが出ないので、ついアドバイスしてしまいます。

「どうすればいいと思う？」とアクションについて訊く前に、本人が心から望む「結果」に思いを巡らせてもらうと、気づきが引き出されます。

## ありたい姿への気づきと、その実現をサポートする「コーチング」

第2フェーズで「自分にとってはこれが大切だ」「自分らしく頑張るとはこういうことだ」といったことが明確になり、仕事や人生に主体性を持つことができるようになると、メンバーの状態は第3フェーズへと移ってきます。「ありたい姿に気づき、継続的にチャレンジ・成長できる」段階です。

「うまくいかない人間関係を何とかしたい」「今後のキャリアの方向性について明確にしたい」「どのように後輩の成長を支援すればいいか、頭を整理したい」などについて、メンバーは主体的・積極的に考えてみるものの、自力では堂々巡りで答えが見つからないということはよくあります。

こんな時、上司の支援によって、自分でも気づいていなかった深い気持ちを自覚したり、様々な視点から自問自答を繰り返した結果、**「そうだ、明日からこんなふうにコミュニケーションしてみよう」「自分が本当に進みたい道はこっちだ！」「後輩にとって自分は、理想的にはこんな先輩でありたい」など、ありたい姿に気づくことができます。そのような気づきへのプロセスをサポートし、その実現に向けて行動を支援する関わりが「コーチング」**です。

ところで、このようなお悩みをよく聞きます。

「メンバーに『どうすればいいと思う？』と訊いてもなかなかアイデアが出ない。仕方がないのでついアドバイスしてしまいますが、コーチングはアドバイスではないんですよね？」

## なぜ、「どうすればいいと思う？」と訊いてもアイデアが出てこないのか

メンバーが「どんなふうに後輩の成長支援をすればいいか、方針を明確にしたい」というテーマを出してきたとします。上司としてはぜひコーチングで支援しよう、質問で気づきが引き出せればと思い、「どうすればいいと思う？」と訊いてみます。

するとメンバーは一生懸命考えてみるものの、「そうですね……、なかなかどうすればいいのか……」とアイデアは出てきません。すると、やはりコーチングでは無理なのかと思い、仕方なく「まずはこうしてみたら？」などアドバイスをしてしまう、というのが先ほどのお悩みです。なぜ、メンバーからアイデアが出てこないのでしょうか。

「どのように後輩の成長支援をすればいいか」という**テーマは、その１ｏｎ１ミーティングの場で生まれたものではありません。少し前に、現場で発生しています。**

例えば2日前、上司から「後輩の育成担当をよろしくね」と言われた瞬間に、「育成って、どうすればいいんだろう?」とメンバーは自問自答を始めます。しかし、**何十回何百回と考えても答えが出ないので、1on1の場でテーマに挙げたのでしょう。**ところが上司に「どうすればいいと思う?」と訊かれたとなると、「それがわからないから相談しているんですけれど……」と感じ、しかしそうは言えないのでフリーズしてしまうのです。つまり、**コーチングでは無理なテーマだったのではなく、質問が効果的ではなかった**ということになります。

すなわち、**コーチングが機能するには、まだメンバーが自問自答していない、新たな質問を提供する**必要があります。

仮に皆さんがメンバーだとして、「あなたが成長支援した結果、後輩がどんなふうに育ってくれたら嬉しい?」など**理想的な結果**について質問されたらいかがでしょうか?「自分で考えられる主体的な人」などイメージが湧いてきませんか? すると続いて、「……ならばまずは、メンバーが間違いや失敗を恐れず、気楽にアイデアを出せる場が必要だ!」のように、何かしら新たな発想につながっていきませんか?

## 「アクションプラン」ではなく、「ありたい姿」が引き出されることが目的

どんなに優秀な人でも、思考が袋小路に入ると、「どうすればいいんだ?」と考えがちです。また、ビジネス界では「夢物語はいいから、具体的にどうするの?」などと言われることもしばしばです。つまり、どうすればいいか、アクションプランを考えることに思考が行きがちではないでしょうか。

確かに行動しなければ何も起きませんが、**アクションは手段であって目的ではありません。**しかし私たちは行動プランばかりに意識が行きがちなので、例えば「東京タワーに行きたい!」と目的地を明確にする前に、「このT字路は左右どちらに行くべきか」とアクションについて迷うような状態になりがちなのです。目的地が決まればハンドルをどちらに切ればいいかは自明となり、アクションプランは自然に出てきます。

ですから、**「どうすればいいと思う?」**とアクションを訊く前に、**「結果的にどうなったら嬉しい?」のように理想的な結果、すなわち目的を質問すると、メンバーは視界が開けてきます**(図15-1)。

**図15-1　目的地が決まればアクションは自然に出てくる**

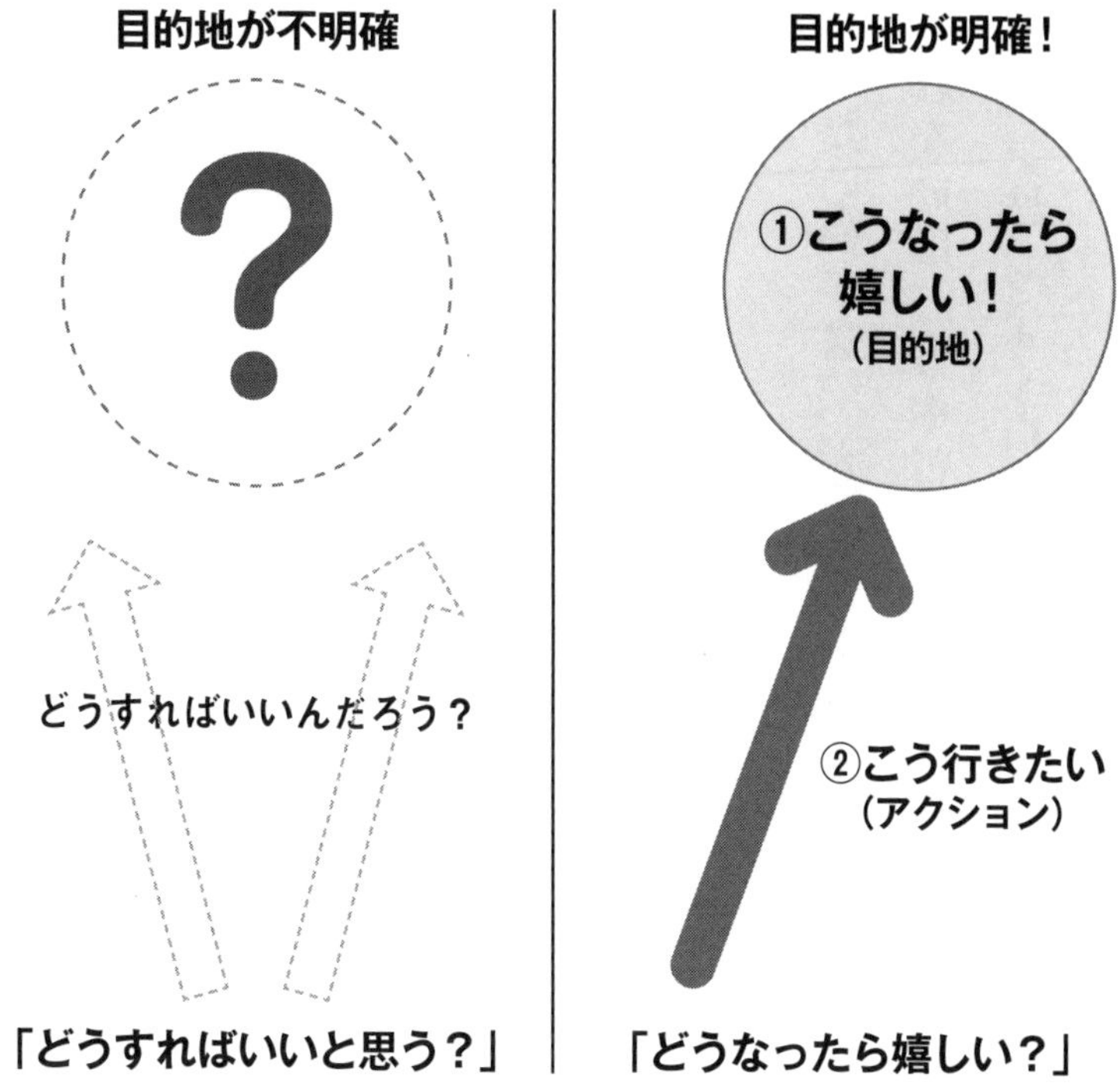
目的地が不明確
?

どうすればいいんだろう？

「どうすればいいと思う？」

目的地が明確！
①こうなったら嬉しい！
（目的地）
②こう行きたい
（アクション）

「どうなったら嬉しい？」

## 16

### ありたい姿がないメンバーは、どうすればよいでしょうか?

メンバーにありたい姿がない、ということはありません。ありたい姿が引き出されない接し方や質問の仕方に気をつけ、メンバーの感情に寄り添い、気持ちよく自問自答してもらうことが大切です。

## ありたい姿が引き出されない4種類の接し方

「ありたい姿がないメンバーはどうすればいいか」「1on1ミーティングの最後に次回までの実践について訊いても、メンバーには『言わされ感』があり、前向きなアクションプランを引き出すことができない」

こんなお悩みをよく聞きます。

上司がメンバーのために質問しても、メンバーからはポジティブな答えが返ってこないループに陥っているとすれば、その**真因と、背景にある上司自身の心の動きを理解することが大切です。**

上司が「このメンバーにはありたい姿がない」と思う時、メンバーは「ビジネスパーソンとして、ありたい姿をしっかり持っているべきでしょう?」という、上司からのある種の圧を感じるかもしれません。上司が心の深いところでメンバーを認めていなければ、メンバーがありたい姿に想いを馳せるのは難しくなります。

「こんな職場や働き方は、自分には合っていない」「あんなふう(人)にはなりたくない」という言葉を聞くことがありますが、それはその裏側に「本当はこんな職場で、こんな働き方ができたらいいな」「こんな人に憧れるな、本当はこんな自分になりたいな」という想いがあるということではないでしょうか。つまり、**どんな人にもありたい姿はありますが、それがどんなものかを自覚できていないことがある**ということを意味しています。したがって上司には、**「ありたい姿を一緒に明らかにしていこう」**というスタンスが大切になります。

しかし私たちは、序章で書いたように、**「相手をコントロールしよう」としたり、「人間は感情の生き物である」ことを忘れたりしがち**です。それにより、上司がメンバーにやってしまいがちな、**ありたい姿が引き出されない質問**をしている可能性があります。それは、次の4種類の接し方です。

①理想的な結果について訊く前に、**アクションプラン（解決策）についてばかり質問する**
②上司が期待する**あるべき姿（正解）に導こうと、誘導尋問をする**
③上司がメンバーの悩みを解決しようとして、**情報収集や仮説検証の質問をする**
④「なぜ・なぜ」と、**原因論型の質問で追い詰めてしまう**

なお、これらの接し方ではない、メンバーからありたい姿が引き出される具体的な質問例は、次項【17】で紹介しています。

## ①理想的な結果について訊く前に、アクションプラン（解決策）についてばかり質問すると、ありたい姿は引き出されない

前項【15】で書いた通り、「どうすればいいと思う?」とアクションについて訊く前に、**「何かしら良い方法が見つかったとして、結果的に、どうなったら嬉しい？」のように理想的な結果について質問すると、メンバーは視界が開けてきます。**

ところで、理想的な結果について質問しても、時に「そうですね、こうあるべきだとは思うんですけど……なかなか難しいんですよね」といったふうに、重たい空気になることもあります。なぜでしょうか。

私は、**「ありたい姿」と「あるべき姿」を明確に使い分ける**ことをお勧めしています。**ビジネスでは往々にして「あるべき姿」を掲げますが、コーチングでは「ありたい姿」を明確にするサポートをします。**「あるべき姿」には「正解」「望ましい合理的な状態」といったニュアンスを感じませんか?

一方、**「ありたい姿」には「本人にとって価値ある答え」「本人が心から望む状態」といったニュアンス**があります。つまり、**ありたい姿はメンバー固有の価値観が満たされた状態で、「嬉しい」「楽しい」などのポジティブな感情が湧くため、実現のために行動せずにはいられないものです。**

「イベントの幹事を適切にやって」と言われただけでは、ポジティブな気持ちでは動きにくいですが、「人生の恩人である主賓の○○さんには、どうしても喜んでほしい！」というありたい姿（理想的な結果）が明確な時は、「少なくともこれだけはやりたい！」など、内側から動きたい気持ちが溢れてくる、といったことです。

したがって、理想的な結果についての問いにメンバーが重たい雰囲気で答えるのは、「あるべき姿を問われている」と誤解しているから、ということになります。

**ありたい姿は本人の中にしかなく、上司の中にはありません。**

**したがって上司にできることは、「〝正解〟は言わなくていいよ」と誤解を解くことと、メンバーが安心して自問自答に没頭できる環境を用意すること。そして効果的な質問**（詳細は【17】参照）**を提供し、その答えを勇気づけることです。**メンバーからなかなか答えが出ないと焦るよりも、メンバーには「自分のペースで自分ならではの答えを見つけてほしい」といったスタンスで、ゆったり接することが大切です。

そして、1回の1on1ミーティングで、ありたい姿が明らかにならなくても大丈夫です。自問自答の答えが出ていない時は、他のことをやっていても潜在意識が考え続けるといわれているからです。次回のセッション時やふとした瞬間に答えが見つかることがあるのも、コーチングの特徴です。

## ②上司が期待するあるべき姿（正解）に導こうと誘導尋問をすると、ありたい姿は引き出されない

上司がメンバーをあるべき姿に誘導するのは、ティーチング的アプローチと言えます。上司としては、会社の方針に従うため、またメンバーを失敗させないための使命感や愛情からかと思います。

上司の誘導尋問でメンバーが答えたものは、世間的には正解であっても、メンバーの価値観から出たありたい姿とは異なります。ゆえに**モチベーションは湧きません**。さらに、正解を「言わされた」となると、メンバーは良い気持ちはせず、**やらされ感や反発心が生まれることもあります**。1on1ミーティングの目的である「メンバーが自身のありたい姿に**自律的に成長するのを支援する**」関わりとは異なることになります。

「それではメンバーが勝手なことばかり言ったらどうするんですか？」と怒られるかもしれませんが、**1on1ミーティングで話す内容は「メンバー本人にとって重要なこと（含プライベート）、感情、価値観、本質的な気づき、ありたい姿などについて」であり、**基本的に緊急対応やリスクの高い案件などではありません。一般的な面談で話題になる「主に目標達成や問題解

決の方法、日々の仕事の進捗や緊急対応など」とは異なりますので、1on1の場ではメンバーの本心を大いに話してもらって問題ないのです。メンバーが自ら気づいたアクションプランを実行した結果、うまくいってもいかなくても、それについて次回の1on1で深掘りし、学びや気づきを深めながら真にありたい姿に近づいていきます。

## ③上司がメンバーの悩みを解決しようとして情報収集や仮説検証の質問をすると、ありたい姿は引き出されない

上司が解決しようとしていますので、コンサルティング的アプローチと言えます。なお、仮説検証の質問とは、「結局、こういうことが問題なんじゃない？」のように上司が正解と思っている答えを確認する質問です。

メンバーは情報収集ばかりされると、**尋問されているような気持ちになりかねません**。また、上司の力で素晴らしい解決策を出したとしても、メンバーの価値観に基づいたありたい姿ではありませんので、**メンバーが自ら動きたいとはならない**のです。

そして、上司が解決に一生懸命ですと、**メンバーに当事者意識がなくなり、依存心が出てくる**可能性もあります。

なぜ上司は自ら解決したくなるのでしょうか。その理由は3つ考えられます。

1つは、これまで常に自ら解決してきましたし、メンバーに相談されたら解決してあげるのが上司の役割だと思っているから。2つ目には、メンバーより自身の方が高い解決力を持っていると考えているため。これらは、重要かつ緊急な「一般的な面談」においては素晴らしい上司力（解決力）を発揮していると言えますが、1on1ミーティングの目的とは異なります。

そして3つ目には、メンバーの問題を解決してあげないと、上司としての存在意義が薄まってしまうという恐れから。1on1の場では、問題解決してあげなくても、上司の存在価値が失われることはありません（第1章【3】参照）。やはり、**「メンバーが自身のありたい姿に自律的に成長するのを支援する」**という1on1ミーティング本来の目的、サポート役であることを思い出す必要があります。

### ④「なぜ・なぜ」と原因論型の質問で追い詰めてしまうと、ありたい姿は引き出されない

ある日の1on1ミーティングで、メンバーが上司（課長）と対話しています。以下の会話例をご覧ください。

**（対話例16-1）**

メンバー：繁忙期なのにAさん（同僚）は自分の仕事さえ終わればいいって感じで、協力をお願いしても「忙しいから無理」って言うんです。Aさんと今後どうコミュニケーションを取っていったらいいか……。

課　長：なぜAさんはそんな感じなの？

メンバー：分かりませんけど、自分さえ良ければいいんでしょうか……。

課　長：ふーん。なぜAさんはそんなふうになってしまっているの？

メンバー：なんでですかね……。私、何かしたんでしょうか？

課　長：何か心当たりがあるの？

メンバー：いや……。自分としては丁寧にお願いしてますし、特には思い当たりません……。

課　長：じゃあ、なぜそんなことになっているんだろう？

メンバー：……（私のせいって言いたいの？）

いかがでしょうか。上司はおそらくメンバーの問題解決を手伝おうとしているのだと思いますが、むしろメンバーの意欲は削がれ、上司への信頼も低下しているようです。

このように「なぜ・なぜ」と原因を追究していく問答は多くの場面で目にします。これは「過去の出来事が、現在の状況を作っている」というフロイトの心理学**「原因論」的なアプローチ**といえます。ただし、原因論が良くないのではなく、使い方が適切ではない例です。

一方、次のような対話例はいかがでしょうか。

**〈対話例16-2〉**

メンバー：繁忙期なのにAさん（同僚）は自分の仕事さえ終わればいいって感じで、協力をお願いしても「忙しいから無理」って言うんです。Aさんと今後どうコミュニケーションを取っていったらいいか……。

課　長：無理って言われるんだね。そう言われて、どんな気持ち？

メンバー：悲しいです。私だって自分の仕事でいっぱいいっぱいの中で、チームのために協力してって言ってるのに。悲しいし、悔しいです。

課　長：そうか……。チームのために頑張ってくれてるのに、申し訳ない。

メンバー：課長は悪くないです。Aさんが……。
課　長：本当はAさんとどんなコミュニケーションが取れたら良さそう？
メンバー：……そうですね、全面的に協力とまでは求めなくても、「そりゃ大変だ」とか、「少しでも協力するよ」とか、物理的な協力もそうですけど、もう少し気持ちを向けてほしいですかね。
課　長：気持ちが大事なんだね。その気持ちを共有できるとしたら、どんなふうに共有できたらいいかな？
メンバー：お互い本当はどう感じているか、一度きちんと話し合えたらいいのかもしれないです。そうですね、まずは仕事をお願いする前にAさんが感じていることを訊いてみます！

先に挙げた例（対話例16-1）とは違って、後の例ではメンバーが気づきを得て、少し前向きになっているようです。上司への信頼も深まっているのではないでしょうか。このようなコミュニケーションは、あまり多くは目にしないかもしれませんが、上司は**メンバーが悲しいと感じるのは、本当は何を得たいからなのか**、を質問しています。したがって「人は目的があって、今の状況を作り出している」というアドラー心理学の**「目的論」的なアプローチ**といえます。

原因論的アプローチは、**物理的な問題解決には大変有効**です。

例えば、

・生産ラインが止まった。なぜ？　↓ユニットAが故障したから。
・なぜユニットAが故障したか？　↓センサー異常が起きていた。
・なぜセンサー異常が起きたか？　↓異物が混入していた。
・なぜ異物が混入したか？　↓実は機械のすき間に、隣の工程で生じる微細な物質が入り込んでいた。
・では、どうする？　↓すき間と工程間に関して、万全の調整をする。↓異物の混入がなくなる。↓センサー異常が起きない。↓ユニットAが故障しない。↓生産ラインが止まらない。

見事、根本解決ができました。しかし、**原因論的アプローチを人に使うと、（対話例16-1）のようにメンバーの意欲を削ぐ結果になりかねません。**

ありたい姿とは「本人にとって価値ある答え」「本人が心から望む状態」、言い換えると私たちが欲する「目的」であるため、**コーチングでは目的論的なアプローチが有効である**ということになります（具体的な質問の仕方は次項【17】参照）。メンバーは自らのありたい姿に気づき、主体的になっていきます。

これら2つの対話例は、原因論型／目的論型の違いに加え、もう一つ大きな違いがあります。（対話例16-1）は「事態の解決」に焦点が当たり、（対話例16-2）は「メンバー、気持ち」に焦点が当たっている点です。すなわち**コーチングは「解決」ではなく、「人、気持ち」に焦点を当てて行います。**これは極めて大切なポイントです。

## 17

## ありたい姿が引き出されるためには、具体的にどんな質問をすればよいのでしょうか？

**目的論に基づいた、7Stepコーチングの活用をお勧めします。**

## 図17-1　7Stepコーチング質問集

**Step1**

**テーマを設定し明確にする**

- 今日話したいテーマは何ですか？
- そのテーマを選びたいと思ったのはなぜですか？
- **この時間で、どんなことまで明確になったらいいですか？**

↓

**Step2**

**現状を聴きテーマについて感じてもらう**

- 現状は、それについてどんなふうに向き合っていますか？
- その問題（今日のテーマ）を強く感じたのはいつですか？
- その時、どんなことがあったのですか？
- **その時、どんな気持ちになりましたか？**
- **どうして、そんな気持ちになったと思いますか？**

↓

**Step3**

**ありたい姿のイメージを膨らませ感じてもらう**

- **あなたとしては、本当はどのような状態になったら嬉しいですか？　他には？　具体的には？（4W1H）**
- 何の制約もなかったら、本当はどのような状態を望んでいますか？
- **本当はその人と、どんなコミュニケーションが取れたら嬉しいですか？**
- それが実現すると、どんな気持ちになりますか？
- それが実現すると、あなたや周りにどんな良いことがありそうですか？
- **それを実現する時、あなたが大切にしたいこと（価値観）は何ですか？**
- **あなた自身、理想的にはどんな自分でありたい（なりたい）ですか？　具体的には？**

↓

**Step4**

**すでにできていることと課題を明確にする**

- 理想の状態が100%だとしたら、今は何%くらいだと思いますか？
- **理想の状態に対して、今すでにできていることは何ですか？　他には？**
- 乗り越えたい課題はどんなことですか？

↓

（Step5へ）

**Step5**

**ありたい姿への道筋を描く**

- 今回の件に役立ちそうな経験（知識、スキル）は、どのようなものがありますか？
- 力を貸してくれそうな人は誰ですか？　他には？
- 理想の状態に向かって、どんなステップを踏むと良さそうですか？
- ○○さん（尊敬する人など）だったら、どうすると思いますか？
- **理想に10%近づくとすれば、何から始めたいですか？　他には？　具体的には？（4W1H）**

**Step6**

**行動計画を立てる**

- **いつから始めたいですか？**
- 実行に移すとき、取り除く必要がある障害があるとすれば、それは何ですか？

**Step7**

**勇気づけ　クロージングする**

- **ぜひやってください！　あなたならできると思います。**
- **今日は、どんな気づきがありましたか？**
- 今日の感想はいかがですか？ もっとこうしてほしいなどリクエストはありますか？
- 次回は○月○日○時でしたね

**図17-2　7Stepコーチングのイメージ図**

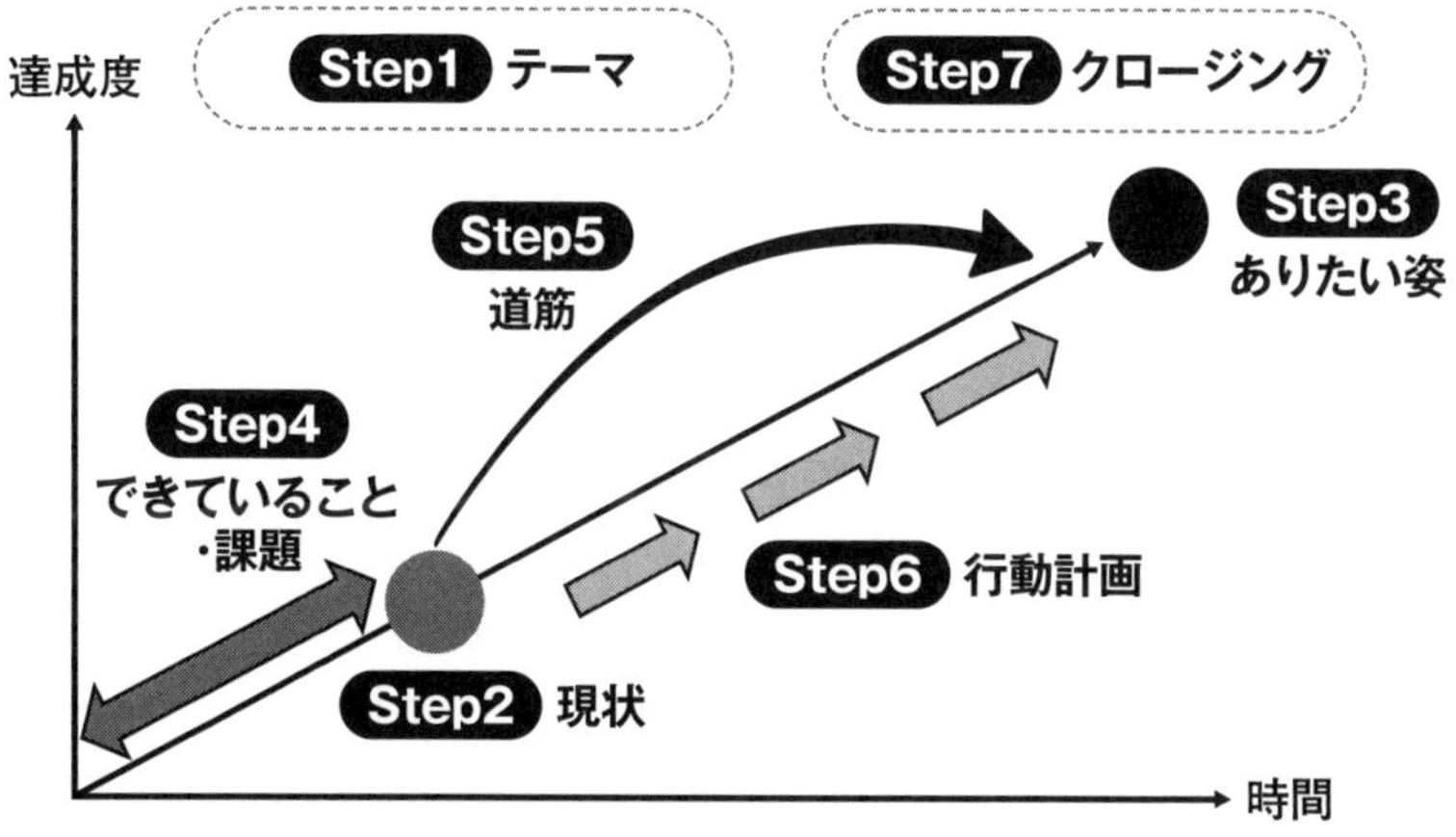

# 7Ｓｔｅｐコーチングとは

具体的にどのように質問していけば、メンバーはありたい姿に気づくことができるのでしょうか。

私はビジネスコーチ株式会社のパートナーエグゼクティブコーチとして、１ｏｎ１ミーティングに関するシンボリックセミナー「１ｏｎ１ミーティングの極意」を２０１８年１月から70回以上行っています（２０２３年４月現在）が、そこで推奨している**「７Ｓｔｅｐコーチング」**を紹介します（少しアレンジを加えてあります）。

ＧＲＯＷモデルという伝統的なコーチングステップがありますが、それを発展させたものと考えていただければと思います。

前のページで、順に、７Ｓｔｅｐコーチングの質問集とイメージ図を、さらにこのあと質問集を活用した対話例を載せています。

## 【対話例17-3】7Stepコーチング質問集を活用した対話例

(Step1)

上司：**今日のテーマは何にする？**
鈴木（メンバー）：そうですね、1on1ってプライベートのこと話してもいいんですよね？
上司：もちろん。私でよければぜひ。
鈴木：実は、中学生の息子のことで。最近少し険悪な感じになることがありまして……。
上司：険悪……と言うと？
鈴木：強い言葉で言い合いになったりするんです。
上司：おお、それは大変。**このテーマを選びたいと思ったのはなぜ？**
鈴木：最近、何度かありますので。お恥ずかしながら仕事中、たまに気になる瞬間もあったりして、このままでは良くないと思いまして。
上司：なるほど、大事なテーマだね。では、**この時間で、どんなことまで明確になったらいい？**
鈴木：そうですね、今度また険悪な感じにならないように、心構えと言いますか、今のうちに頭が整理できたらいいなと思いました。

（Step2）

上司：分かった、ぜひそうしよう。**このことをテーマにしたいって強く感じたのはいつ？**

鈴木：……先週の水曜の夜ですね。８時くらいでしょうか。

上司：**その時、何があったの？**

鈴木：明日から中間テストだっていうのに、息子が勉強もしないで漫画を読んでたんです。

上司：ほう。

鈴木：だから、「何やってんだ、勉強は？　この前も点数悪かっただろう」って言ったら「うるさいなー、今からやろうと思ってたのに！」って。それで「今からって、もう８時だろう。言い訳するな」ってつい言っちゃいまして。

上司：そしたら？

鈴木：「うるさいなー、もう！　向こう行って！」って。そんな感じです……。

上司：そっか。**その時、どんな気持ちになったの？**

鈴木：いや～、腹が立ったんですけど、その後、ちょっと悲しい気持ちになりました。

上司：悲しかったんだ。**どうしてそんな気持ちになったんだろう？**

鈴木：そうですね……、息子が小学生の時はキャッチボールしたりキャンプに行ったりして仲良かったので……。最近、そういう機会も減った上にこんな言い合いになったりして、悲しいというか寂しい感じですね。

（Step3）

上司：そうか、寂しいんだね。もし、また息子さんが試験前に勉強してないシーンに出くわしたとして、**本当は息子さんとどんなコミュニケーションが取れたら嬉しい？**

鈴木：……そうですね、もう言い合いは嫌ですね。

上司：言い合いじゃなくて、**どんな感じになったらいい？**

鈴木：もっと普通に話したいです。……でも甘やかすのも違うと思うんです。

上司：うん。

鈴木：甘やかすのでもなく、冷静に話したいです。

上司：冷静、いいね。**どんな雰囲気だろう、理想的には？**

鈴木：理想的には、前向き、建設的な感じですかね。うん確かに、そんな感じがいいですね。

上司：おお、いいね。**二人は建設的に、どんな話をしているんだろう？**

鈴木：正直、試験勉強についてどんなふうに思っている？　とか……ですかね。

上司：おお。**それが実現すると、どんな気持ちになる？**

鈴木：息子に寄り添ってあげたい、って。そして、申し訳なかったって気持ちですね。

上司：そう、いいね。**寄り添ってあげる時、鈴木さんが大切にしたいことは何？**

鈴木：まずは息子の話を聞くってことを大切にしたいです。

上司：素晴らしい。**鈴木さんはどんな父親でありたい？**

鈴木：大きな父親ですかね。温かい……。

上司：それは最高の父親だね。**その理想に対して、今すでにできていることは？**

鈴木：そうですね、以前、息子が学校で嫌なことがあって、辛そうだった時は話を聞いてあげられました。

（Step4）

上司：いい感じの父親だった？

鈴木：だと思います（笑）。

（Step5）

上司：（笑）。**さっきの理想に一歩近づくとしたら、まず何から始めたい？**

鈴木：そうですね、息子が今度、試験前の時に意識してみたいと思いますけど、まずは今日、少しだけ話してみたいです。

上司：素晴らしい！

〜以下、Step6、7へと続く〜

※（質問集17-1　7Stepコーチング）の質問を活用した部分を太字にしています。

**鈴木さんの中から「息子さんと本当に取ってみたいコミュニケーション」や「理想の父親像」といった、ありたい姿が引き出されたため、鈴木さんはそれを実現したくなり、自らポジティブなアクションプランを出しています。**

## 7Stepコーチングはすぐにできる

〈質問集17-1　7Stepコーチング〉にはたくさんの質問がありますので、「こんなに覚えられないよ」と思われるかもしれません。

しかしご安心ください、すぐに実践できます。なぜなら私のお勧めは、「初めの頃は質問を覚えないで、質問集をお手元に置きながらやってください」ということだからです。実際にやっていただくことは次の3つです。

**①メンバーに寄り添い、傾聴する**
**②手元に置いた質問集を使う**
**③メンバーのどんな答えも肯定的に受け止める**

まずはこれだけです。

もちろん、質問集ばかり見ていたのではコーチングできませんので、ほとんどは相手の表情を見て、アイコンタクトしながら行うのですが、質問集をチラチラ見ながらやっていただいて構わない、ということです。なぜなら、暗記した方がかえって弊害が起きやすいからです。弊害は2つあります。

弊害1：質問を覚えてコーチングセッションに臨むと、メンバーからは様々な答えが返ってきますので、「次の質問とうまく話がつながらない」などパニックになる可能性があります。すると、**質問を思い出したり考えることばかりに意識が行き、傾聴がおろそかになりがちなのです。**

コーチングの本質はメンバーの自問自答です。したがって、安心して自分の気持ちを感じ、思考に没頭できる環境が不可欠ですが、メンバーの感情に寄り添う傾聴が不十分ではその環境が壊れてしまいます。**「傾聴なくしてコーチングなし」**なのです。特に最初の頃は、傾聴にほとんどのエネルギーを注ぐぐらいの意識で取り組んでみてください。

弊害2：質問を覚えてセッションを行った場合、長年の癖になっている**似て非なる質問をしがちになります。**それは、前項【16】で紹介した**「ありたい姿が引き出されない4種類の接し方」**です。どのような弊害が起きるかは、前述した通りです。

今回紹介した質問集の質問（158～159ページ）は、**相手の自問自答を促す質の高い質問ばかり**です。各質問を基本的には順番に使っていただければと思います。話の流れ上、ヘンだなと思ったら1つ飛ばすなど柔軟にやっていただいて構いません。ただし、**各Step内で太字になっている質問はキーになるものですので、できるだけ使ってください。**

最初は質問集をあまりアレンジせず、何十回もそのまま使っていくことで、だんだんと見なくてもできるようになります。そうなると、**なぜこれらの質問が相手の自問自答を促すことにつながるのか、本質が掴めるようになります。**本質を体得できたら、オリジナルの質問を考えたり、7Stepの順番を入れ替えたりしても、質の高いコーチングができるようになります。

つまり、**皆さんを質問集にしばりつけたいのではなく、早く自在に素晴らしいコーチングができるようになるための「土台」として活用いただきたい、**というのが「質問集をお手元に置きながらやってください」とお勧めする趣旨です。

もちろん、**決してメンバーを質問集に誘導したり、当てはめようとするものではありませんので、メンバーに寄り添い傾聴すること、メンバーのどんな答えも肯定的に受け止めることも忘れないようにしてください。たくさんの受講者さんたちが、この方法でみるみる上達しています。**

## 各Ｓｔｅｐのポイントとなる質問について

**７Ｓｔｅｐコーチングの心臓部は、Ｓｔｅｐ３「ありたい姿のイメージを膨らませ、感じてもらう」です。**ここで、メンバーにとって心から望む状態や魅力的なありたい自分、価値観が満たされた良い感情が引き出されると、コーチングは高い確率で成功します。

ここではそのためのポイントである2か所、Ｓｔｅｐ3と直前のＳｔｅｐ2について解説いたします。

## Ｓｔｅｐ2のポイント
## 〜現状を聴き、テーマについて感じてもらう

Ｓｔｅｐ3で、「あるべき姿（＝正解）」ではなく、**心から望む感情のこもった「ありたい姿」が引き出されるためには、Ｓｔｅｐ２の段階で、テーマが生まれた瞬間の不本意な感情を改めて味わうことがカギ**になります。なぜなら、その「嫌だな」「不安だ」などの感情は、本来こうであったらいいのにという**価値観がしいたげられているから溢れ出たものであり、つまりありたい姿の裏返しとも言える**からです。テーマが生まれた瞬間の感情を思い出し、自らの価値観を感じてもらうために、次の４つの質問をしています。

**「その問題（今日のテーマ）を強く感じたのはいつですか？」**

**「その時、どんなことがあったのですか？」**

**「その時、どんな気持ちになりましたか？」**

**「どうして、そんな気持ちになったと思いますか？」**
→【対話例17-3】における該当箇所は、162ページ・Step2部分）

普段、仕事をしていて感情を訊かれることは少ないため、メンバーからなかなか感情が出てこない場合もあります。その場合、**次のStep3に移行するのではなく、時間をかけて丁寧に、テーマが生まれた瞬間の情景を思い浮かべることで、その時の感情を再体験することをサポートしましょう。**

## Step3のポイント
## 〜ありたい姿のイメージを膨らませ、感じてもらう

メンバーに、Step2で味わった不本意な感情ではなく、本当はどう満たされたいのかを訊いていきます。例えば、大切な友人や家族が不本意な状況にいる時、「どうすればいいと思う?」とは訊かないはずです。きっと「あなたにとっては、どうなったら嬉しい?」「あなたは

どうしたい？」と訊くでしょう。それと同じ気持ちで、「あなたにとって、本当はどんな状態になったら嬉しい？」と声をかけます。

**理想的な状態を4W1H（いつ、どこで、誰が、何が、どうなって）のレベルで具体的にイメージできるようサポートすると、メンバーにとってのありたい姿が実現する可能性が高まります。**緻密な設計図であるほど、素晴らしい家が建つのと同じです。大事なスポーツの試合前、勝てるイメージを詳細に描いたり、初デートに臨むとき、デートコースやイベントごとをありありと想像したときのことを思い出してください。「どんな場面でそれができたらいい？」「そこで何を食べたい？」など4W1Hの質問ができるはずです。

**「あなたとしては、本当はどのような状態になったら嬉しいですか？他には？　具体的には？（4W1H）」**

テーマの中にメンバー以外の第三者が現れ、その人との関係に悩んでいる場合、相手が変わらないことへの不満や愚痴を言うことに終始しがちです。それをメンバーが口にするのは構いませんが、その人がこの場にいるわけではありませんので、**そのままでは何も起きません。**

メンバーは「関係」に悩んでいるので、**「理想の関係やコミュニケーション」について、まず**

**はありありとイメージを描くことをサポートします。**それは「仲良くなること」であるとは限りません。「こんな距離感がいい」「こんな関係なら納得がいく」などメンバーの価値観が反映されます。**心から望む関係やコミュニケーションが鮮やかに描き出されると、その一端を担っている理想の自分にも気がつくことができます。**

第三者にどうやったら変わってもらえるかという**解決策に焦点を当てるのではなく、メンバー自身がその難しい局面にどう向き合っていきたいのか、メンバー本人に焦点を当て続けることが大切です。**そうするのは冷たいからではなく、**「メンバーは自分らしく、自力で乗り越えられるはずだ」という、上司からの厚い信頼の証なのです。**


**「本当はその人と、どんなコミュニケーションが取れたら嬉しいですか？」**

**「それが実現すると、どんな気持ちになりますか？」**

**「それを実現する時、あなたが大切にしたいこと（価値観）は何ですか？」**

**「あなた自身、理想的にはどんな自分でありたい（なりたい）ですか？　具体的には？」**
→【対話例17-3】における該当箇所は、163ページ・Step3部分）

自ら見つけた「ありたい姿」にメンバーは内発的に動機づけられ、「まずはこうしたい！」とアクションプランも自然に出てきます。それを繰り返す中、**メンバーは自律型人材へと成長していく**のです。

7Stepコーチングは、実践と振り返りの積み重ねでみるみる上達していきます。ぜひチャレンジしてみてください。

### 実践者の声

「『その目的は何だろう?』と踏み込んで訊いてみたら、メンバーは『あっ!』という顔をして喋り、『そうか、自分はこれが目的で言っていたんだ』と自分の本心に気づいた様子だった。私はそれを聞いて、『そうだったんだ』と新しい発見ができたが、まず本人が気づき、我々は2次的に共有してもらうのだとよく分かった。」

「経験上、得意じゃないと思っていて不安はあったが、コーチングがうまくいったようだ。メンバーに、どうして今の思いに至ったのか、掘り下げてもらったのがよかった。すっきりしたと言ってもらえ、嬉しかった。」

「小1の息子にコーチングらしきものをやってみた。いつもは叱ったり、『こうしなさい』と言ったりしていたが、『どう思う？』という問いかけに変えたら、自主的に動くようになって驚いた。」

# 18

## 時間内にコーチングが終わらなかったり、メンバーのテーマが変わったりした時、どうすればよいでしょうか？

メンバーに声をかけ、協力してうまくまとめたり、軌道修正したりすれば大丈夫です。

## 時間内にコーチングが終わらないとき、どうすればよいか？

時間内に7Ｓｔｅｐの全てを終わらせる必要はありません。無理に終わらせようとすると、上司の質問のテンポが速くなったりして、メンバーの深い自問自答が妨げられるかもしれません。メンバーには自身のペースでじっくり感じ、考えてもらうことが最も大切です。

もし、終了時刻が近づいたら、途中のどのＳｔｅｐにいたとしても、以下のような流れでまとめてもらうのがお勧めです。

①途中だけど、そろそろ時間だね
②ここまで話してみて、どんなことに気づいた？（Ｓｔｅｐ7に相当）
③それを踏まえて、小さな一歩を何から始めたい？（Ｓｔｅｐ5に相当）
④それを、いつから始めたい？（Ｓｔｅｐ6に相当）
⑤ぜひやってください！　応援しています。今日の感想は？（Ｓｔｅｐ7に相当）

そして、次回の1ｏｎ1ミーティングでは今回の続きの話をしたいか、あるいはまた別の話をしたいか、メンバーと相談して決めます。

## メンバーが話している間にテーマが変わってきた。どうすればよいか？

テーマが途中で変わるのは、決して珍しいことではありません。メンバー自身、話している間に「あ、本当はこっちを話したかった」と気づくこともありますし、無意識に話が変わっている場合もあります。いずれにせよ、コーチングはメンバーが主役ですので、上司がこのまま新しいテーマの方に行くか、元のテーマに戻るのかを判断するのではなく、次のように訊いてみます。

**「〇〇さん、気づいたことを言ってもいい？　最初は〇〇〇がテーマだったけど、今、△△△に話が変わってきたね。どっちの話がしたい？」**

するとメンバーは自分の話を俯瞰して見ることができ、主体性と納得感を持ってテーマを選択してくれます。

## 19

### キャリアプランが明確に出てこない。どうすればよいでしょうか？

**キャリアプランそのものを考える前に、一度深く自らの価値観に向き合うのがお勧めです。**

## 待遇・条件と、価値観は違う

仮に、給与が高く、しっかり休暇が取れて残業も少なく、福利厚生も充実し、オフィスの立地も内装も素晴らしい職場があったらいかがでしょうか。大変魅力的です。

しかしいざ就職してみると、あちらこちらでお互い同僚の陰口を叩いている。いくら徹夜で渾身の企画書を仕上げても、社内政治でうまくやっている人には決して敵わなかったとします。しかし、給与は高く、休暇は多く残業も少なく、福利厚生もオフィスも素晴らしい。本当に働けるでしょうか。平気な方もいるかもしれませんが、私は無理です。

つまり、**待遇・条件と価値観は違います**。このような例は極端ですが、キャリアプランを考えるときに、A職はここはいいがそこは足りない、B職は逆にここはダメだがそこはかなりいいなど、気がつけばメリット・デメリット、つまり待遇・条件ばかりで比較する。また、これまでのキャリアを考え、スキルが活かせると思ってジョブポスティングで異動したら、職場に馴染めず体を壊してしまった。このような話は枚挙に暇がありません。

キャリアプランを考える判断基準として、条件やスキル、経験も大切ですが、価値観の検討が欠かせないのではないでしょうか。

## キャリアについて、自ら考えたくなったとき

キャリアについて考えるとき、一般にMUST(やらねばならないこと)、WILL(やりたいこと)、CAN(できること)について整理するという方法があります。一方、自分自身、何かをきっかけに「キャリアについて真剣に考えたい」と熱が上がったときは、7Stepコーチングの活用も大変有効です。

例えば、

**(Step2)**

「キャリアについて『真剣に考えたい』と感じたのはいつですか?」

「その時、何があったのですか?」(↓輝いている人を見た、ある体験をしてピンと来た、など)

「その時、どんな気持ちになりましたか?」(↓このままでいいのか? 今がそのタイミングだ! など)

「どうして、そんな気持ちになったと思いますか?」

**(Step3)**

「あなたにとって、大事なことは何だと思いますか?」

「あなたとしては、本当はどんな毎日が送れたら充実感がありそうですか?」

「どんな人と仕事ができたら嬉しいですか？」「どんなやりとりができたらいいですか？」
「どんな瞬間に喜びを感じそうですか？　他には？　具体的には？」（4W1H）
「それが実現すると、あなたや周りにどんないいことがありそうですか？」
「5年後にはどんな自分でいたいですか？」

などに答えているうちに、自身が大切にする価値観にアクセスでき、進むべき方向が少しずつでも見えてくるのではないでしょうか。キャリアを選択した先に、私たちやメンバーはどんな体験や感情で毎日を彩りたいのでしょうか。

## 自らの価値観にじっくり向き合う

自身やメンバーの価値観にじっくり向き合う際、第3章【13】のアプローチもとてもお勧めです。人生観に大きく影響を与えた体験や大切な出会いなど、感情が大きく動いたエピソードをきっかけに、価値観への考察を深める一助にしてはいかがでしょうか。

私は2009年にリーマンショックの煽りを受け、勤めていた生命保険会社が営業停止となり、会社都合で退職しました。それまでのキャリアは銀行と生命保険会社でしたので、保険代理店などに就職するのが筋でしたが、「本当に自分の価値観が満たされ、モチベーションが上がるのはどんな方向性だろう」と、「**感じる**」ことをしていきました。たくさんの本を読み、説明会などに出席し、経営大学院であらゆる業種のケーススタディを体験しました。

**考えるより感じることを大事にした**結果、運命的にコーチングという「志事《しごと》」に出会うことができ、おかげさまでとても充実しています。

## 上司からぜひ提案したい場合

例えばメンバーAさんが「私は専門職として、今後も生きていきたいと思います！」と力強く宣言してくれたとします。実は上司や会社から見ると、Aさんは専門職でも十分に活躍できると思うが、ぜひマネジメント方面で力を発揮してほしいと望んだ場合、どう伝えればいいでしょうか。最終的にはメンバーに選んでもらうとしても、こちらの想いもしっかり伝えたい場合、このように伝えるのはいかがでしょうか。

上司：Aさん、力強く言ってくれてありがとう。とても頼もしいよ。ところで、私の想いがあるんだけど伝えていい？　**（許可を取る）**

Aさん：なんでしょう？

上司：Aさんが専門職で活躍できるのは間違いないと思う。一方、Aさんほどの実力と人望の両方を兼ね備えた人はそういないから、もしよかったら、ぜひマネジャーとして後進の育成をやってもらえないだろうか。そうすれば、会社全体のレベルが上がるし、より多くのお客様に貢献できると思うんだ（**想いを伝える**）。どうだろう、一度真剣に考えてくれないかな？（**確認を取る**）

①許可を取る ②想いを伝える ③確認を取る の順で伝えることで、こちらの想いをしっかり伝え、メンバーの判断を仰ぐことができます。Aさんがどちらの選択をするにせよ、こちらの熱意はAさんの心に残り、ますます活躍してくれるのではないでしょうか。

## 20

他責的な事ばかり言うメンバーにそれを気づかせたいが、どうしたら変わってくれるでしょうか。

相手を変えようとする前に、まず相手の心の声に耳を傾けることから始めてみませんか。

## 「他責一辺倒なメンバーに気づかせたい」

「他責一辺倒なメンバーに、他責的であることを自覚させたい。なんとか自分ごととして主体的に取り組むように仕向けたい」とマネジャーの方にご相談いただいたことがあります。上司としての責任感ゆえ困り果てた様子で、胸が痛む思いでした。

ところでこのとき、大事な前提を思い出す必要があります。そのメンバーと上司との間に信頼関係が十分に築かれていないということです。**信頼関係なくしてコーチングなし。**つまり、質問等で相手を変えようとしても無理です（そもそも人は変えられない）ので、**第1フェーズから改めてスタートする必要がある**のです。

「そうは言うけど、他責な態度は何とか変えさせなければ」と思われるかもしれません。おっしゃる通り、他責な態度は望ましくありません。

しかし、「あなたは変わらなければいけない。今のままではダメだ」というメッセージを、たとえ善意や責任からであっても伝えようとすればするほど、ますます頑なに反発されてしまうかもしれません。人は、自分を認めてくれる人には心を開いて素直な気持ちになりますが、認めてくれない人には逆の反応をしがちだからです。

大変難しいですが、まず、**「完璧でなくても、あなたはあなたで良い」**という心からの尊重から始める以外にありません。

## もし、尊敬するあの人ならどうするか？

皆さんは、尊敬している人はいますか？　実際にお世話になった方、有名な経営者の方、歴史上の人物やアニメの主人公など。

私も何人かいます。もしその尊敬する人であれば、この状況、そのメンバーをどのように受け止め、どのようにコミュニケーションするでしょうか。それを踏まえて私たちは、本当はどのような上司でありたいでしょうか。

## 相手の立場に立つ、視座を変えるとどう見えるか？

「相手の立場に立つ」という言葉はありふれていますが、往々にして「それはスタッフ部門の仕事だろう」「いや、事業部門の仕事だ」など対立は絶えません。どちらかが正しいというより、**どちらも本人たちにとっては正しい、**というのが真実だろうと思います。

どんな人も「自分の人生の主人公」として、必死に生きています。周りから見たら違和感があっても、本人としてはベストな選択をしているのです。したがって、まずはその想いを聴かせてもらい、自分の価値観を押し付けることなく、「どうしてそう思うの？　もう少し教えて」と一旦ニュートラルに受け止めてみる。**お互いの立場の前にまずは人間同士、本心で語り合ってみる**と、「そんな事情があっての主張だったのね」と思わぬ発見に至ることは、私自身もよくあります。

他責一辺倒に見えるメンバーは傍から見れば気分が悪いですし、直すべき部分もあることは確かですが、**メンバーの立場、本心は本人にしか分かりません。**

自己肯定感が低く、ただ責められたくないと防御反応が出ているのかもしれません。私たちの知らないところで、他責にしている人との間で何かあったのかもしれません。家庭の事情でメンタルが不安定になっていたり、前職でトラウマになる出来事に遭っているのかもしれません。

メンバーにも事情があるから他責が許されると言っているのではありません。ただ、まずは話を聴いてみては？　本音で話し合ってみては？　と申し上げています。

それでも、メンバーがどのような反応をするかは分かりません。しかし、こちらがガードを下げ、特に権限の高い上位職から切り出さない限り、何も起きないのではないでしょうか。

メンバーと、理想的にはどのような関係になりたいでしょうか。そして私たちは、**どのよう**

**なコミュニケーションが取れる自分たちでありたい**でしょうか。

ちなみに私は、もともと「べき」が強い人間でしたが、それでもこのように思い続けていたら、昔よりは柔軟なコミュニケーションが取れるようになってきたと思います。決して簡単ではないですが、豊かな人生のために、ともにチャレンジしていきませんか？

## 実践者の声

「夫と共働きですが、よく『なんで片付けてないの？』と言い合いになり、嫌な気持ちになっていました。でも、『誰が片付ければいい？　どうすればいい？』じゃなくて、『お互い仕事して疲れているし、片付けるのしんどいね。お互いちょっと嫌だよね。私たち、どんな夫婦をお手本にしたらいい？』『せめてどんな感じだったらストレスが減りそう？』『お互い協力し合うとしたら？』というように質問を変えてみたら、最近はお互いにストレスが減って、いい感じになってきました。」

「1on1ミーティング研修で学んだので、態度の悪いメンバーに対し、まずはニュートラルに聴いてみようとやってみた。すると、拍子抜けするほど今回は相手のガードが下がっているように見えた。聴けば、『そんな視点、見方があったのか』と驚かされた。自分が若かった頃を思い出してみると、少し理解できる部分もあった。人に伝えられるリーダーとは、『本当の意味で相手の立場に立つことができる人』だと気づかされた。今まではどう伝えるかばかりを気にしていたが、相手がどういうものを見ているのかに意識が向くようになった。」

## 21

違和感を覚えるメンバーの言動を全て肯定したら、「認められた」と受け取られて悪影響が出ないでしょうか。

本心ではないのに無理に肯定するのではなく、「フィードバック」で覚えた違和感を伝え、メンバーの考えを聴かせてもらいます。

## 違和感を覚えた時は、肯定も否定もせず「フィードバック」する

「メンバーの言動に常識とのズレ（違和感）を感じることがある。メンバーの気持ちを全て肯定して、一切修正をしないでいると、『認められた』とメンバーが受け取ってしまい、ゆくゆくは周囲へ悪影響を及ぼすのではないか」。

こんなご相談をいただくことがあります。

メンバーの言動に違和感を覚えているのに肯定したら、質問の通り「認められた」と受け取られる可能性があります。「コーチングでは相手を否定しない」というところから、「全て肯定しないといけない」と考える方もいますが、それは誤解です。コーチング的コミュニケーションにおいては、賛成したい時はそうしますが、違和感を覚える時は賛成せず受け止めます。相手を否定しないというのは、相手のどんな意見にも賛成して波風を立てないのではなく、**自分と異なる価値観でも相手にとっては真実であるということを否定しない、相手の人格を否定しない**という意味です。

違和感を伝える際には、「フィードバック」という方法を用いることをお勧めします。

## 日常業務で使うフィードバックと、1on1ミーティングで使うフィードバックとの違い

日常業務で使うフィードバックは「評価を伝える」「指摘をする」などのニュアンスで使うことが多いのではないでしょうか。つまり、相手の言動やパフォーマンスに上司としてジャッジ(良し悪し)を伝え、必要があれば改善を促すものです。

一方、1on1ミーティングにおけるフィードバックはジャッジをしません。**コーチングスキルは全てニュートラル**です。したがって、相手を変えようというものではありません。

具体的には次の3ステップで行い、その**フィードバックをきっかけに、そこから本人と深く話し合っていきます。**

①**〇〇さん、感じたことを伝えていい?**(許可を取る)

②**私は△△の点で違和感を覚えた**(Iメッセージ(「私は」が主語のメッセージ)で伝える)

③**〇〇さんは実際、どう思う?**(本人の考えを話してもらうよう促す)

これは、ソフトにオブラートに包みながら言おうというものではありません。フィードバッ

クは、語源的に評価するなどのジャッジ的な意味合いはなく、「見えたものを見えたまま」、鏡のように感じたことを伝えるというニュートラルなものです。そして1on1ミーティングでは語源通りの意味合いで使います。ただ、鏡のように伝える私たちも「主観」で話しており、それが正しいとは限りません。**フィードバックとは「主観だけど、こう見えたよ・感じたよ」と伝え、それに対するメンバー本人の考えを話してもらうもの**なのです。

したがって、3ステップの構成をもう少し詳しく申し上げますと

①○○さん、(私の主観だから間違っているかもしれないけど)感じたことを伝えていい?
②私は△△の点で違和感を覚えた(私の主観だから間違っているかもしれないけど)
③○○さんは実際、どう思う?(あなたの考えを聞かせて)

**となります。こちらの主観を相手に押し付けず、相手の人格を尊重しながら、こちらの違和感などをきちんと伝え、お互いに理解を深めるのが目的です。**

ネガティブなフィードバックも、前述の3ステップで伝えれば、**「関係が壊れるのではないか」「相手のモチベーションが下がるのではないか」「ハラスメントと受け取られないか」などの懸念が現実化することはありません。**安心して使ってみてください。

ただし、**メンバーが第1フェーズにいて、十分心を開くことができていない場合のみ例外です。「感じたことを伝えていい？」と許可を取りにいった時点で、警戒される可能性があります。ある程度の信頼関係の上で活用する必要がありますのでご注意ください。**

## メンバーと横の関係で話し合う

「常識とズレがあるのは、主観ではなく事実ではないか」と言われそうですが、ここで「主観」と申し上げているのは、「メンバーの言動に常識とのズレがあるので、『非常識な人に見える』のはあくまで主観」という意味です。つまり、メンバーが非常識な人だとは限りません。例えばその言動の裏側には、私たちがまだ知らない事情があるかもしれませんし、彼が以前在籍していた組織においては「常識」だったかもしれないからです。

「君、非常識だよ。直しなさい」と伝えることは、いきなり相手に「非常識人」というレッテルを貼るジャッジになりかねません、という意味です。そうなると、メンバーとの信頼関係は悪化し、必ずしも良い方向には進まない可能性があると思います。

前述の3ステップで伝えられると、メンバーはどう感じるでしょうか。「上司には違和感を覚えるんだ。なぜだろう？」など上司の**主観**であることが伝わり、本人が常識だと思っている理由を話し始めるでしょう。フィードバックをきっかけに深く話し合いながら、お互いの理解を深め、信頼関係を深めることができます。

例えばメンバーにとっては常識と思っていたことが今のチームではそうではないのだと理解できれば、「すみませんでした。以後は気をつけます」と気持ちよく対応してくれるでしょう。上司がメンバーのことを「非常識人だ」と**レッテル貼りすることなく、**「誤解があったんだね。本当のことが分かって良かったよ」と**人として尊重し、丁寧に対応した**からです。

## フィードバックの大切さ　～誤解していた私

著者の会社のメンバーが入社間もない頃のことです。他業界からの転職だったので、まずは仕事を理解してもらおうと、終日セミナーを参観してもらいました。終了後、ファミレスで「今日、どんなことを感じた？　もっとこうした方がよさそうなことも併せて教えて？」と伝えました。すると、詳細にたくさん話してくれたので、「よく見てくれたね、ありがとう。次回も頼むね」と伝えました。

翌週、別のセミナーに同行してもらい、終了後にまたファミレスで「どんなことを感じた？」と訊くと、今度は「前回と同じです」の一言だけでした。「……そうかもしれないけど、こっちは6時間一生懸命やったのに一言で済ませるのはどうなの？」と少し残念に思いました。私はすぐ次の現場に移動しなければならなかったので、「分かった、ありがとう」と伝えその場を後にしましたが、モヤモヤしたままでした。

翌日、地方での研修終了後、メンバーに電話をし、仕事の用事を済ませた後、昨日の違和感が少し残っていたのでフィードバックしました。「そういえば昨日ファミレスで感じたこと、伝えてもいい？」「はい、なんでしょう？」「昨日『前回と同じです』って言ってくれたでしょう？僕としてはちょっと寂しいというか、若干悲しい気持ちになったんだ。実際はどんな思いだったの？」とたずねると、メンバーは申し訳なさそうに「本田さんがあの後、すぐに次の現場に行くって知っていました。だからできるだけ短く、的確に言わなきゃと思ってそう言ったんです……」。

むしろ私を気遣った対応だったのです。**私の誤解でした。**もし「一生懸命頑張ったのに失礼じゃないか」と言おうものなら大変でした。**「どう考えても正しい」と思っても、やはり主観であり絶対ということはない**のです。「そうだったんだ、悪かったね。今後は時間がある時に訊くようにするね」「いえ、私の表現がまずかったです。申し訳ありませんでした」。これを機に、メンバーとの信頼関係は深まりました。

ちなみにもう一つ大切なことは、**フィードバックの2ステップ目、Iメッセージでは「考え」を伝えるのではなく、「感情、または五感（見える／聞こえる）で感じたもの」を伝えること**です。

もし、「僕としては端的に言ってくれるにしても、もっと心のこもった表現をすべきだと思うよ」など考えを伝えていたら、全然違う結果になっていたはずです。**考えには「こうすべき」というジャッジ（裁き）が入っている**からです。

こちらも主観なので、決めつけることなく人として尊重し、丁寧に対応するためには、**自分がどう感じたかを味わって、感情を伝えます。**「僕としてはちょっと**寂しい**というか**若干悲しい気持ち**になったんだ」と伝えたので、相手に誤解なく伝わりました。そもそも**主観とは感情または五感**であり、**人として尊重し合うとは、お互いの感情を尊重し合うこと**だからです。極めて大切なポイントです。

信頼関係を大切にするためにも、もし違和感を覚えたら、溜めずにフィードバックし、本心を交換し合うことをお勧めします。

## 22

あまり本音で何でも言われても、解決しようがないことは困ってしまう。どうすればよいですか？

「変えられないことへの向き合い方」も「ありたい姿」の一つです。解決してあげるのではなく、メンバーを人生の主人公として応援していきましょう。

## 「1on1ミーティングでは、話したいことを何でも話していいんだよ」とメンバーに言うものの……

・自分に与えられた裁量権では、メンバーの要望に応えられないことがある
・他部署が関係する場合、どうしようもないことがある
・会社の環境や制度が変わらないと、取り組めないこともある

など、実際には制約が多いのにもかかわらず、「1on1では何でも話していいんだよ」ということで、メンバーから本音で何でも言ってこられたら困ってしまいそうです、と言われることがあります。

## 「1on1ミーティングはメンバーが主役」への誤解と恐れ

この相談からは、「メンバーに相談されたら、上司は何でも解決してあげなければならない」という発想があるように聞こえます。もしそうだとすると、「1on1はメンバーが主役」という意味を誤解しています。「メンバーが主役」とはメンバーの要望に応えるという意味ではなく、あくまで**「メンバー自身がオーナーとして、自分らしくありたい姿になっていこうとするのを上司は応援する」**という意味です。

あるいは、「上司は万能であるべきで、メンバーの悩みを解決できないと存在価値が薄まるのでは」という恐れがあるようにも聞こえます。1on1ミーティングはより優れた上の者がメンバーを指導する場、解決してあげる場ではなく、**メンバーに横の関係で寄り添い、応援する場**です。相手の悩みを解決できなければ存在価値が薄い、などということは一切ありません。

メンバーが、自身の悩みに当事者として向き合うのを応援しましょう。

## 環境は容易に変えられないが……

あるメンバーが、上司にこんな相談をしました。

「自分のやりたいことに気がつきました。マーケティング調査の経験を増やしたいんです。でも今、会社では大がかりな調査をするような機会はないんですよね……。どうすればいいでしょうか？」

もし私たちが上司なら、どのように寄り添えばいいでしょうか。その上司は懸命に応援し、メンバーが自ら最終的に次のような結論を出しました。

・今はしょうがない、次回、チャンスがあればぜひ参加したい
・その時に必ず声がかかるように、その都度「やりたい」という意思を伝えていく

・直接的にマーケティング調査の経験はできなくても、日々の業務の中で近い経験ができないか工夫していく
・社外で関連情報を得続けて、仕事外で何か学べること、できることはあるか、常にアンテナを立てていく
・一連のチャレンジの中で小さな実績を積み重ね、次回のチャンスに声がかかるようその実績も伝えていく

いかがでしょうか。「会社で機会がないなら無理か……」という結論に至ってもおかしくない中、**「変えられない環境の中で、どう自分らしく向き合っていきたいか」という解を、自ら出しているの**です（今の会社が好きで、転職という選択肢はなかったようです）。その熱い想いは、将来その目標を実現させるのではないでしょうか。

## リーダーの2種類の選択

私たちには簡単にコントロールできないことがたくさんあります。例えば、「チームの人数をあと3人増やしてほしいが、そう簡単に増員はしてもらえない」などです。

そんなとき、あるリーダーは「人数を増やしてもらえないなら、これだけの目標をやれと言

われても無理です」と言いますが、別のリーダーは「では、その中でどう知恵を絞れば、少しでもプラス3人いる状態に近いパフォーマンスが出せるだろうか」と考え抜きます。

・その中でもできることは何だろう？　同じような悩みを持つ社内外の別のチームはどう工夫しているのだろう？

・チームにむしろ今の半分の人数しかいないとしたら、どの仕事を捨てるか、一度考えてみよう。本当に大事な仕事や優先順位が見えてくるはずだ

・人数が増えないハードな毎日に、どんな想いを持ちどんな向き合い方をしていこうと伝えれば、メンバーは心身の疲弊が緩和され、少しでも元気に頑張ってくれるだろう？

・会社の状況や発想が変わり、チームの人数を増やしてもらえるようになるには、どんな働きかけができるだろう？

・今すぐは理想通りにできなくても、中長期目線で考えた時に今やるべきことや準備は何だろう？　勉強、人脈づくり、実績づくり、資金づくりなど

「条件が揃わないからできない」という判断はいつでもできますし、その判断では何も状況は変わりません。少しキツい言い方かもしれませんが、そのような判断をすればいいのであれば、リーダーは誰にでも務まります。今すぐ解決できないこと、コントロール不可能なことへの向

き合い方こそ、リーダーシップのある自律型人財であるかどうかが、問われるシーンではないでしょうか。

## コーチングならではのできること

もし、目の前の問題の解決だけが目的であれば、諸々の事情でできない場合にはできないという結論になります。しかしコーチングの場合、**「変えられない環境、コントロールできないことに対してどう向き合いたいか」**も**「ありたい姿」の一つ**です。

したがって本項冒頭の

- 自分に与えられた裁量権では、メンバーの要望に応えられないことがある
- 他部署が関係する場合、どうしようもないことがある
- 会社の環境や制度が変わらないと、取り組めないこともある

という中で、今すぐスッキリ解決することは難しくても、「そこにどう向き合いたい？」とコーチングすることもできるのです。だからこそ、コーチングでは**「(将来) なりたい姿」ばかりではなく「(今) ありたい姿」とも言う**のではないでしょうか。「いつかお金が手に入れば家族

を幸せにできる」のではなく、「お金がない今、どう家族を幸せにできるか」もありたい姿です。むしろ、簡単ではない環境にどう向き合っていくかというテーマこそ、ありたい自分が磨ける非常にやりがいのあるテーマとも言えます。

コーチングといえば、相手を存在承認し、心から寄り添って傾聴すべし、などと言われますので、「人にやさしくしろということかな?」と思われがちですが、**一人の人としてリスペクトして尊重することと、手取り足取り「世話してあげる」こととは全く異なります。**

一人の人としてリスペクトして尊重するコーチングは、**「あなたはあなたの人生を、自力で切り開ける人。だからあなたをコントロールするなど余計なことはしません。あなたが本当の想いに気づき、困難を乗り越え、ありたい姿になっていくのを、ただ全力で応援します!」**というような、本人とコーチの課題を分離した(アドラー心理学における「課題の分離」)、自律・自立を支援する関わりです。

単にやさしいのではなく、**「私は応援者にはなれますが、乗り越えるのはあくまであなた」**という、見方によっては厳しい側面すらあるのです。だから、**「あなたはどうしたい?」と、愛と信頼を持って堂々と質問します。**

## 真のリーダーシップとは

松下幸之助さんの生前のインタビューで、「あなたが成功できた理由は何ですか？」との質問に対して、次のように答えています。

「(家庭の事情で) 小学校4年で中退したことと、病弱だったこと。おかげで衆知を集めて経営できたし、事業部制を引くことができた」。

つまり、もし松下さん自身の学歴が高かった場合、プライドが邪魔して人の話を聞くことが叶わなかったかもしれません。「自分は学校を出ていないので、人の話を聴くべきだ」と思えた結果、賢い人がたくさん松下電器(現パナソニック)に入社してくれたのではないでしょうか。もし頑丈な体を持っていれば人に頼るということをしなかったかもしれません。身体が弱かったから必要に迫られて人の力を借りることの大切さを知り、おかげで事業を大きく展開できた、ということだと思います。

松下さんが経営の天才だったから、で片付けるのはとても危険だと考えます。世間で皆が「無理」と言ったのに、想いを実現した人は昔も今も何人もいます。それは生まれ持った才能や自信のみならず、**「本当に実現したい！」「どうしても諦められない」「どうしてもこうありたい」という志が本気だったことが最大の要因**ではないでしょうか。

私たちも、自己限定をすることなく、一緒に前に進んでいきましょう。

第5章

# 1on1ミーティングと上司の成長

## 1on1ミーティングと上司の成長

「はじめに」で述べたように、本書は「1on1を実践していて、うまくいかないけれど、何とか光を見出したい！　と頑張っている方への応援歌」として書きました。

第1章から第4章までは、多く寄せられた悩みについてのQ&A形式でお伝えしてきましたが、この第5章は、「1on1ミーティングと上司の成長」と題し、挑戦している上司の皆さんへのより直接的な応援歌として、また大前提として最も大切であると確信していることについて、私の想いを記します。

1on1ミーティングでは、上司はメンバーに対し、「〝戦力〟である前に一人の人として大切に接する」「異なるメンバーの価値観や考え方について一旦ニュートラルに受け止める」「相手を変えようとする前にまず心の声に耳を傾ける」など、決して簡単ではないチャレンジを、**しかも自分自身も不安や不満、ストレスなどある中で**繰り返していきます。そんな中、メンバーが少しずつ心を開いたり、動機づけられたり、自律的になっていきます。それは徐々にチームの活性化にもつながり、業績などにも良い影響を及ぼします。そんな様子を見て、**上司も自分自身への信頼（自信）を深めていきます。**

上司は自信が深まると少し余裕が出て、**弱みや失敗談をより自己開示できる**ようになったり、**肩肘張らず自然体で振る舞える**ようになったり、**いろんなタイプの人に寄り添い勇気づけられるキャパシティが広がったり**します。そして、1on1ミーティングの実践を着実に重ねていくため、スキルも向上します。つまり、**上司の人としての魅力や1on1の実力が上がっていきます（上司の成長）**。

すると、メンバーたちはどう感じるでしょうか。上司に対し、より安心感や信頼感を抱き、動機づけられる可能性が高まっていきます。**メンバーが第1→第2→第3フェーズへと移行していくスピードが上がっていく**のです。上司はその様子を見て、さらに自信を深めていきます。

つまり、上司が1on1ミーティングに精一杯に取り組むと、メンバーは徐々に自分らしく頑張れるようになり、チームにも好影響を及ぼし、それが上司の自信と成長につながる。それが1on1ミーティングの質を高めることにつながり、メンバーはさらに成長速度を増していく。このように、**上司の頑張りは、メンバーの成長と自身の成長、そして1on1ミーティングの質の向上の好循環となって、スパイラル・アップしていく**のです。

## 上司の成長が、メンバーの成長を後押しする

先ほど「上司も成長する」と書きましたが、どのように成長していくのでしょうか。左ページの（図5章-01）が、そのイメージです。実は、メンバーがそうであるように、**上司も、第1フェーズから第3フェーズまで、段階を経て成長していく**と考えると整理できますし、今、どこに注力すべきかを定めやすいのです。

1on1ミーティングの実践を積み重ねるうち、上司は**各フェーズで、BeforeからAfterに変化していきます**（図5章-01の左から右への矢印）。

そして、厳密に「第1フェーズが終わったら、次は第2フェーズ」ときれいに行くわけではないですが、ある程度、**第1フェーズの土台の上に第2フェーズが成り立ち、第2フェーズがある程度満たされて第3フェーズに移行できる**（図5章-01の各フェーズ間、右上から左下への矢印）ため、**上司の成長フェーズの構造はピラミッド状である**と考えると自然です（図5章-02）。

そして、前述の通り上司の成長が、メンバーの第1→第2→第3フェーズへの移行・成長を大いに後押しします（図5章-02）。

## 図5章-01　上司も段階を経て成長していく

### 上司の第1フェーズ:安心して本音が話せる ～「私は私でよい」

| Before | | After |
|---|---|---|
| 弱みや失敗談をあまり人に見せられない | ➡ | 弱みや失敗談をより自己開示できる |
| 立派な上司像を見せねばならない | ➡ | 肩肘張らず、自然体で振る舞える |
| 苦手なタイプのメンバーには心を開けず、表面的・建前的なことしか言えない | ➡ | いろんなタイプの人にもこちらから心を開き、寄り添い、本音が話せる |
| 異なるメンバーの価値観や考え方については、とにかく変えさせたい | ➡ | 異なるメンバーの価値観や考え方についても、一旦ニュートラルに受け止められる |
| メンバーの課題を私が解決しないと、私の存在価値が下がってしまう | ➡ | メンバーの課題はメンバー自身で乗り越えられるし、私の存在価値は決して下がらない |
| 私は上司として不十分ではないか | ➡ | 上司である前に一人の人間、私は私で良い。私は私らしくマネジメントも1on1ミーティングもできる |

次のフェーズへ

### 上司の第2フェーズ:内発的動機づけられている ～「困難があっても挑戦したい」

| Before | | After |
|---|---|---|
| 忙しいので、1on1ミーティングをやりたくない | ➡ | 忙しい中でも工夫して時間を作り、1on1ミーティングを着実に重ねていきたい |
| 苦手なメンバーへの1on1ミーティングはやめたい | ➡ | 苦手なメンバーにも、相手も受け入れる限りは、1on1ミーティングで向き合ってみよう |
| 1on1ミーティングがあまりうまくいかないのでやめたい | ➡ | 1on1ミーティングがうまくいかなくても、振り返りと改善を重ね、自分らしくできるようになりたい |
| 会社の指示なので、形式的に1on1ミーティングをこなす | ➡ | 会社の指示がきっかけだが、せっかくの機会なのでメンバーを勇気づけよう、自身のリーダーシップ向上に役立てよう |

次のフェーズへ

### 上司の第3フェーズ:上司自身、ありたい・なりたい自分に向け生き生きチャレンジできる ～「夢や志を持って生きる」

| Before | | After |
|---|---|---|
| 仕事や1on1ミーティングをやることで精一杯、上司自身がどうありたいか・なりたいかまではあまり考えていない | ➡ | 忙しい中でも時間をとって自身に向き合い、自分は上司として、一人の人間としてどうありたいか・なりたいかを描いたり、生き生き目指したりする |
| 1on1ミーティングにおいては、メンバーのありたい姿にのみ焦点を当てている | ➡ | メンバーのありたい姿に焦点を当てつつ、チームや上司自身のありたい姿に関しても、夢や志を熱く魅力的に語る |

図5章-02　上司の成長がメンバーのフェーズの進行を後押しする

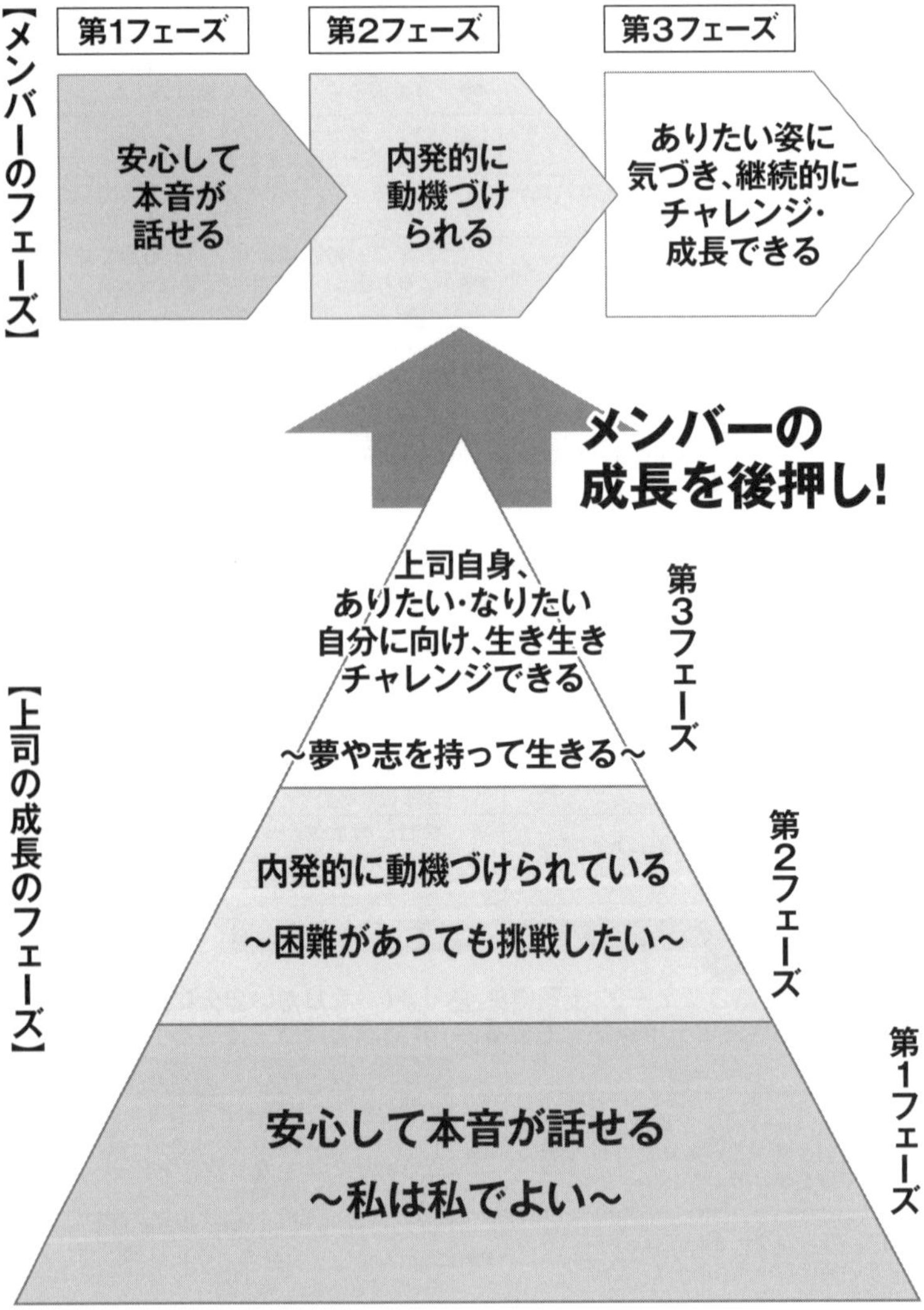
【メンバーのフェーズ】
第1フェーズ
第2フェーズ
第3フェーズ
安心して本音が話せる
内発的に動機づけられる
ありたい姿に気づき、継続的にチャレンジ・成長できる
メンバーの成長を後押し!
上司自身、ありたい・なりたい自分に向け、生き生きチャレンジできる
~夢や志を持って生きる~
第3フェーズ
内発的に動機づけられている
~困難があっても挑戦したい~
第2フェーズ
安心して本音が話せる
~私は私でよい~
第1フェーズ
【上司の成長のフェーズ】

## 上司自身の成長は、どのように促進すればいいか

メンバーの成長を後押しする上司自身の成長は、どのように促進すればいいでしょうか。「メンバーへの1on1ミーティングに熱心に取り組むことで成長できる」と前述しましたが、それ以外の方法もあります。

まず、**上司自身がその上司から1on1ミーティングを受ける**のが一番です。しかし、それが組織上の都合などでできない場合、何ができるでしょうか。

（第1フェーズについて述べる前に）上司の第2フェーズについては、すでに第3章【12】【13】【14】に書いた内容、特に【13】の価値観について、セルフで深めていくのがお勧めです。

そして上司の第3フェーズは、第4章【15】【16】【17】【19】に書いた内容、特に【17】の7Stepコーチングを使ってセルフコーチングをする（自分で質問を読んで、自分で答えてみる）のはある程度効果があり、やはりお勧めです。

しかし、上司の第1フェーズについては、すべての土台であるフェーズにもかかわらず、セルフではどうすれば良いかわからなくなりがちです。したがって、以下に2つの方法をご紹介します。

## 上司の第1フェーズ：安心して本音が話せる〜「私は私で良い」と思えるために

上司が弱みを見せられないと、メンバーも「弱みは見せてはいけないのだ」と心を閉ざしがちになります。「立派な上司像を見せねばならない」と肩肘を張ると、メンバーにも「優等生でなければ」と緊張する人が出てきます。メンバーは上司の写し鏡のように反応しますので、私たちが「私は私で良い」「私は（発展途上だが）私らしくマネジメントも1on1ミーティングもできる」と自分を認めることが、すべてのスタートです。

上司の第1フェーズを促進するお勧めの方法について申し上げる前に、筆者の拙い経験をお伝えさせてください。かつて、「私は私で良い」となかなか思えなかった頃の経験です。

私は27歳の頃、外資系生命保険会社の営業になりました。完全歩合給という私にとって恐ろしい世界で、必死でした。しかし「私は私で良い」と思えずどこか卑屈で、雑談もまともにできない状態だったので、当然うまくいきませんでした。ある夜、狭いマンションで風呂に浸かりながら一日を振り返りました。「4人も商談したのに今日も全部駄目だったな。……もし、今の記憶を持ったまま今朝にタイムスリップで戻ったら、今度はうまくいくんだろうか？」と想像してみました。すると「多分、やっぱりうまくいかないな」と思いました。つまり、商談に

**失敗したのではなく、実力不足でうまくいかなかったのだ**と気づきました。

その時ふと思ったのは、例えば最高時速100キロの車なのに、「200キロ出ないから駄目だ」と言われたのでは救われないではないかということでした。100キロ出したら「よくやった」、105キロ出たら「素晴らしい！」という話のはずだ。そして毎日100キロ以上出すチャレンジを続けていたらポテンシャルが110、120、いつか200キロとだんだん上がってくる。そういうプロセスを踏むことが大事なんじゃないだろうか、ということでした。

それから私は、他人が定めた基準を達成できなかったからといって自分を否定するのではなく、**自分なりにベストを尽くしたか**（手を抜いたかどうかは自分が一番分かるはず）を重視し、**ベストを尽くしたのなら**他者の評価はともかく、**自分で自分を「よくやった」と認めよう**と決めて毎日を送り始めました。すると、徐々に「私は私で良い」と思えるようになり、少しずつ気持ちに余裕が出て、お客様にも心から寄り添えるようになりました。いつしか、営業成績もトップクラスまで上がっていきました。

したがって、上司の第1フェーズを促進するお勧めの方法の1つ目は、上司自身**思うようなパフォーマンスが出ない時も、自分が一生懸命生きていることまで否定しない**、ということです。無理に自分を褒めようというのではありません。**自分なりにはベストを尽くせたら「私は私で良い」とフラットに認めませんか**。本意・不本意問わず**今の自分を認め、ここから一歩ず**

**つ成長していくことを大切にしませんか。**

## 自分との約束を果たし続ける

上司の第1フェーズを促進する2つ目の方法は、「自分との約束を果たし続ける」ことです。まず、**やればできるレベルの行動目標**を立てます。仮に「毎日2時間マニュアルを勉強する」という目標を立てても、繁忙日や疲れている時は達成困難なのであれば「やればできるレベル」ではないので、立てるべきではありません。また、「毎日メンバー全員に『ありがとう』と言ってもらう」という目標も、人はコントロールできないので立てるべきではありません。やればできるレベルの行動目標とは、例えば「毎朝6時に起きる」のように、やる気さえあれば自分でコントロールできるようなものです。

そして、毎日チェックをつけていきます。**「昨日もできた」「今日もできた」「またできた」という日々を積み重ねることに目的があります。**私たちは、必ず約束を守る人がいたら、その人を「信用・信頼できる人だ」と思います。同様に、**毎日自分との約束を果たし続けたら、「自分は信用・信頼できる人間だ」と自信がつく**のです。つまり、「私は私で良い」と信じられるようになります。そして、できればその目標や達成を誰にも言わず黙々とやり続けるのがお勧めです。人に見られていなくても達成できたとなれば、より自分に対する信頼が深まるからです。

## 「上司の存在自体」が勇気づけになる

上司の第1フェーズが充実してくると、上司は自己防衛する必要がなくなりますので、メンバーのことを本気で考えられるようになります。仕事中だけでなく、ふとした瞬間や毎晩眠りにつく前に、「メンバーは今、何を感じ、考えているだろうか?」「彼らが最高の自分になれるために、自分に何ができるだろうか」など想いを馳せられたら、素晴らしい上司といえるのではないでしょうか。

人は自分をコマとしてではなく、**立派な人格を持つ一人の人間として心から信頼してくれ、「自分を大事にしてくれている」と実感できる人のために本気になります**。そんな信頼している人から、「○○さんなら必ずできると思うよ」と**本人以上にその人の可能性を信じる勇気づけをされる**と、「そうか、自分ならできるのかも。やりたい!」と奥底から力が湧き上がってきます。

そして、**上司自身が困難と正面から向き合い、必死になってチャレンジしている姿**を見ると(上司の第2フェーズ)、説得しなくても骨のあるメンバーはついていきます。上司から**志す高い山について魅力的な物語を聞き、生き生きとそこに登る背中**を見せられたら(上司の第3フェーズ)、この上司とともに歩みたい、このチームにいたいと、多くのメンバーは望むのではないでしょうか。そしてそのメンバーたちも同様に困難と向き合い、夢や志に向かって挑戦する姿勢が身についていきます。**上司の存在自体が、メンバーを勇気づけ、鼓舞することになるのです。**

## 真の報酬、祝福とは何か

ただ、もちろんいろんなメンバーがいます。上司の愛情深い関わりや雄々しいチャレンジを見ても、特に本気にならない、ついてきてくれない、困難と向き合わないメンバーもいるでしょう。メンバーはコントロールできません。

ところで、「ニーバーの祈り」という詩があります。

**ニーバーの祈り**

**神よ、**
**変えることのできるものについて、**
**それを変えるだけの勇気をわれらに与えたまえ。**
**変えることのできないものについては、**
**それを受けいれるだけの冷静さを与えたまえ。**

**そして、**
**変えることのできるものと、変えることのできないものとを、**
**識別する知恵を与えたまえ。**

ラインホールド・ニーバー（大木英夫 訳）

「変えることのできるもの」は、私たちの「選択」であり、「変えることのできないもの」は、「メンバーの反応」ではないでしょうか。メンバーの反応はどうなるかは分かりませんが、私たちがどうするかは選べます。

そして、「与えたら、与えられる」のことわりの通り、私たちが愛情を注ぎ、勇気づけるのが先です。その結果（メンバーの反応）に保証はありませんが、私たちが先に行動しない限り、何も起きないと言っていいでしょう。

もし、メンバーが好ましい反応をしてくれなかったら、私たちは「骨折り損」なのでしょうか。保証がないなら、忙しいのに1on1ミーティングなどやるべきではないのでしょうか。

どんな結果でも、**「骨折り損」はない**と私は考えます。**上司の成長は保証されているから**です。

**成長という報酬は、**地位や名誉、給与等のような一時的なものではなく、人生のOSたるコミユニケーションをバージョンアップさせるという意味において、**一生もの**ではないでしょうか。

1on1ミーティングにチャレンジすると、むしろ良い反応をしてくれないメンバーほど私たちを研磨してくれます。すると、苦労した人の顔や目は柔和で深いように、私たちの人としての魅力が高まります。周囲からの信頼や人気が高まり、仕事もプライベートもよりうまくいくのは自然な流れです。変化が激しいからこそ、本物が生き残り輝く時代です。人間力を磨いていくことは最優先事項の一つではないかと考えます。

天台宗を開いた最澄の言葉に**「一隅を照らす」**というものがあります。一人ひとりが片隅や自分のいる場所を照らしていくことが大切だ、それらが積み重なると世の中全体が明るくなるという意味です。

偽りのないありのままの自分、全人格で、目の前の一人ひとりと1on1ミーティングで接していったとき、私たちはうまくいったりいかなかったりしますが、どちらであってても**メンバーに愛情と勇気づけで関わる限り、一隅を照らしていることに変わりはない**と思います。そして結果を気にすることなく無心にやり続けていると、むしろメンバーから思わぬ嬉しい反応があり感動した、といった喜びの声は枚挙に暇がありません。

**誰が見ていなくても一隅を照らし続ける人には、必ず祝福がある**と確信しています。

皆さんの挑戦と幸せを、心から応援しています！

## 謝辞

最後までお読みくださり、本当にありがとうございました。

すでに述べました通り、本書は1on1ミーティングを実践した皆さんからお寄せいただいたご質問に対し、お答えする形で書かせていただきました。

執筆を決意したのは、それらの質問が、**真剣に実践しているからこそのものだ**と感じ、心が震えたからです。「メンバーと信頼関係を深めたいけど、うまくいかない」「イキイキ活躍して欲しいと思うが、どうすれば？」と真摯に問いかける姿に感銘を受け、少しでもお役に立てればと思いました。背中を押してくださった皆さんに、深く感謝申し上げます。

ある大手重工メーカーの人事部長さんが、1on1ミーティング研修のスタートにあたって、このように挨拶をされました。

「まず私自身、自分の部署で1年間、メンバーたちに1on1ミーティングをやってみました。最初はなかなかうまくいかず、苦労しました。しかし、1年経とうかというときに、明らかな変化がいくつかありました。内気で受け身だった1人のメンバーが、1on1での気づきをもとに勇気を出して、社長に組織改善の提案をしてくれるようになったんです。私は驚いて、心から嬉しく思いました。そして、組織エンゲージメントのスコアが1年間で大きく上がりました。皆さん、これから研修を受けていただいたら、ぜひ実践してみてください。でも1回や2回やったくらいでは正直、何も変わりません。半年、1年と粘り強く続けることで、ようやく根本から組織風土が変わってくるものだと、私は経験から確信しています」

また、大手化粧品メーカーの上席執行役員さんは、このようにおっしゃいました。

「管理職150人に1on1ミーティング研修を受講してもらいましたが、会社の雰囲気が、メンバーたちに寄り添うように変わってきたと思います。アイデアコンテストだとか、新規事業の種を自分で提案していく姿勢も多く見られます。効果が大ですね」

そして、大手損害保険会社の研修部部長さん曰く、

「1on1ミーティングの社内トレーナーを9人育成しました。9人で手分けして、全社の課長クラス1200~1300人の8割方に、3年間かけて1on1を伝授していきました。相手の気持ちを大切にした対話を伝えていった結果、メンバーたちが自ら考えて行動するようになったという割合が増えています。上司、リーダーも学びながら『こんなふうにメンバーを育てていけばいいのかな?』という気持ちが芽生えています。少なくとも一方的に指示命令するだけの職場は確実に少なくなってきています」

このように素晴らしく魅力的な方々、志を持って熱く挑戦し続ける皆さんに、執筆にあたって本当に勇気をいただきました。お陰様で私自身、お伝えする内容に確信が深まり、現時点の全力を出し切ることができました。心より感謝申し上げます。

最後に、1on1ミーティング研修の機会をいつもいただき、そして「1on1ミーティングの極意」という1on1に関するシンボリックセミナーのタイトル使用をご快諾くださった、ビジネスコーチ株式会社 代表取締役社長 細川馨様、取締役副社長 橋場剛様、専務取締役 山本佳孝様、常務取締役 青木裕様には、改めて深く感謝申し上げます。

遅筆な私をおおらかな心で見守り、様々な希望を聞き入れてくださった株式会社ワン・パブリッシングの福田祐一郎様、尾島信一様、フリーランス編集者の佐藤喬様、tobufuneの皆様、アド・クレールの皆様、フォーエレメンツ様、図版作成の前田利博様、本当にありがとうございました。

また、株式会社ワン・パブリッシング様をご紹介くださった、株式会社ルネッサンス・アイズ 取締役社長の加藤恵美様、深謝申し上げます。

執筆準備としての膨大な情報整理、構成アイデアのディスカッション、校閲や感想フィードバックなど、最初から最後まで、ときには遅い時間や土日まで縦横無尽、最大限に協力してくれた弊社社員の天野帆波さん、本当にありがとうございました。あなたの素晴らしい協力なしには、決して完成させることはできませんでした。

2023年は正月、土日、ゴールデンウィークまで全て執筆を優先し、家庭のことは何もできなかったにも関わらず、文句の一つも言わず、ただ身体を心配し応援し続けてくれた妻の七重、子どもの悠真、統真、真璃愛にも心から感謝します。

皆様、本当にありがとうございました。

本田賢広

# 1on1ミーティングの極意

2023年7月23日　第1刷発行

著者　本田賢広

発行人　松井謙介
編集人　長崎　有
発行所　株式会社 ワン・パブリッシング
〒110-0005　東京都台東区上野3-24-6
印刷所　日経印刷株式会社

ブックデザイン　小口翔平＋畑中 茜＋青山風音（tobufune）
DTP　アド・クレール
校正　株式会社フォーエレメンツ
企画・編集　福田祐一郎
編集協力　佐藤　喬
図版作成　前田利博（Super Big BOMBER INC.）

●この本に関する各種お問い合わせ先
本の内容については、下記サイトのお問い合わせフォームよりお願いします。
https://one-publishing.co.jp/contact
不良品（落丁、乱丁）については　Tel0570-092555
業務センター　〒354-0045 埼玉県入間郡三芳町上富279-1
在庫・注文については書店専用受注センター　Tel0570-000346



ワン・パブリッシングの書籍・雑誌についての新刊情報・詳細情報は、
下記をご覧ください。
https://one-publishing.co.jp/